FernUniversität in Hagen

Fakultät für Wirtschaftswissenschaft

Bachelorarbeit
zur Erlangung
des Grades eines Bachelor of Science (B.Sc.)
über das Thema

Social Media Marketing als Instrument zur Neukundengewinnung –
Gestaltungsansätze, Problembereiche und korrespondierende Lösungsansätze aus
der Sicht des Lebensmitteleinzelhandels

Prüfer: Herr Univ.-Prof. Dr. Rainer Olbrich

Name, Vorname: Birkenkamp, Jennifer

Matr.- Nr.:

Anschrift:

Abgabedatum: 14.01.2021

Juni 2021

© 2021 Birkenkamp, Jennifer
Herstellung und Verlag: BoD – Books on Demand, Norderstedt

ISBN: 9783753464640

Inhaltsverzeichnis

1. Zur Relevanz des Social Media Marketings unter Berücksichtigung der Neukundengewinnung im Lebensmitteleinzelhandel

1.1. Relevanz der Thematik

Nach der Dotcom-Blase im Jahre 2001, erfuhr das Internet seit der Web 2.0 Konferenz von T. O`Reilly und Media Live International im Jahre 2004, immer mehr Beliebtheit bei der Masse.[1]

Heute gehören Social Media zum alltäglichen Leben der Menschen. Durch das mobile Internet, beispielsweise in Form des Handys, ist es möglich, jederzeit, an jedem Ort, sei es in der Stadt, beim Einkaufen oder in öffentlichen Verkehrsmitteln, mal eben im Internet zu surfen und sich aktiv an Diskussionen auf den Social Media Plattformen zu beteiligen. Aber nicht nur die aktive Teilnahme an Diskussionen veranlasst die Nutzer, sich auf den verschiedenen Social Media Plattformen aufzuhalten. Diese werden ebenfalls genutzt, um eine Entscheidung für das – aus der Sicht der Konsumenten – richtige Unternehmen oder Produkt treffen zu können.[2]

Aus diesem Grund ist es nicht verwunderlich, dass diverse Unternehmen, darunter auch der Lebensmitteleinzelhandel, die Bedeutung von Social Media erkannt haben und die Nutzer beispielsweise in Form von Plakaten, die in Fußgängerzonen oder an Bahnsteigen vorzufinden sind, auffordern, ihr Unternehmen oder Produkt auf den Community Plattformen zu liken.[3]

Dementsprechend kann sich die Ernährungsindustrie, die, laut der Bundesvereinigung der deutschen Lebensmittelindustrie, zu dem viertgrößten Industriezweig Deutschlands zählt, aus dieser Entwicklung nicht mehr herausnehmen.[4]

---

[1] Vgl. O`Reilly 2005, pp. 17 f.
[2] Vgl. Grabs/Bannour/Vogel 2017, S. 27.
[3] Vgl. Chang/Peng/Berger 2018, pp. 1 ff.
[4] Vgl. URL 1.

Insbesondere der Lebensmitteleinzelhandel, der in die Betriebsformen der Selbstbedienungswarenhäuser, Lebensmitteleinzelhandelsgeschäfte, Discounter sowie Supermärkte unterteilt wird, kommt um den Einsatz des Social Media Marketings nicht mehr herum. [5]

Erfolgte vor dem enormen Wachstum und der Popularität des Social Media Marketings der Kundendialog im Bereich des Lebensmitteleinzelhandels noch ausschließlich über den direkten Kontakt am Point of Sale (POS) sowie durch Flyer, Handzettel und TV-Werbung, nutzen die Unternehmen in den letzten Jahren zunehmend auch Social Media Plattformen, wie unter anderem YouTube, Facebook und Instagram, um mit den Kunden und potentiellen Neukunden in Kontakt treten zu können. Daraus ist ersichtlich, dass auch der Lebensmitteleinzelhandel die Notwendigkeit des Social Media Einsatzes zur Neukundengewinnung erkannt hat. [6]

Die Umsetzung des Social Media Auftritts stellt den Lebensmitteleinzelhandel jedoch auch vor neue Herausforderungen im Unternehmen, die zunächst bewältigt werden müssen, um das gewünschte Ergebnis der Neukundengewinnung zu erzielen und sich von den übrigen Wettbewerbern abzuheben. Nicht selten ist auf den Social Media Plattformen der Unternehmen, wie beispielsweise auf Facebook oder Twitter, zu beobachten, wie sich die Nutzer aufgrund von negativen Erfahrungen mit den Produkten oder Leistungen der Einkaufsstätten in den Kommentar- oder Bewertungsfunktionen beschweren und eine Diskussion mit mehreren Nutzern auslösen. Sich auf solche Problematiken vorzubereiten und darauf zu reagieren, ist seitens der einzelnen Unternehmen essenziell, um auch die Neukundengewinnung nicht zu erschweren.[7]

Daher ist es unerlässlich, auch korrespondierende Lösungsansätze für die in dieser Arbeit dargestellten Problematiken beim Einsatz des Social Media Marketings im Hinblick auf den Lebensmitteleinzelhandel aufzuzeigen, um das Ziel der Neukundengewinnung optimal erreichen zu können.

---

[5] Vgl. URL 2.
[6] Vgl. Chang/Peng/Berger 2018, pp. 1 ff.
[7] Vgl. Schüller/Schwarz 2010, S. 377 f.

1.2. Zielsetzung und Aufbau der Arbeit

Die vorliegende Arbeit untersucht dementsprechend die Problematiken, die beim Einsatz des Social Media Marketings – mit Bezug zur Neukundengewinnung am Beispiel des Lebensmitteleinzelhandels – bestehen. Zudem werden geeignete Lösungsansätze herausgearbeitet, die sowohl vorbeugend als auch als aktive Maßnahme in der entsprechenden Problemsituation wirken und unterstützend helfen, um weitere daraus resultierende Problematiken zu verhindern.

Detailliert sollen folgende Forschungsfragen beantwortet werden:

- o Welche Gestaltungsansätze bietet das Social Media Marketing für den Lebensmitteleinzelhandel an, um neue Kunden gewinnen zu können?
- o Welche Problematiken können beim Einsatz des Social Media Marketings bei der Neukundengewinnung im Lebensmitteleinzelhandel bestehen?
- o Mit welchen Lösungsansätzen können die dargestellten Problematiken behoben werden?

Ziel dieser Arbeit ist es daher, die Gestaltungsmöglichkeiten des Social Media Marketings bezugnehmend auf die Gewinnung von Neukunden im Lebensmitteleinzelhandel darzustellen und die damit einhergehenden Problematiken zu diskutieren. Zudem sollen für diese Aufgabenstellungen korrespondierende Lösungsansätze aufgezeigt werden, um darzustellen, wie die einzelnen Einkaufsstätten bei Auftreten der entsprechenden Herausforderungen, angemessen und direkt reagieren können, um weitere resultierende Problematiken zu vermeiden.

Zur Erreichung des in dieser Arbeit gesetzten Ziels, werden nach dem einleitenden Kapitel im zweiten Kapitel die theoretischen Grundlagen behandelt, indem zunächst eine definitorische Abgrenzung des Social Media Marketings und des Content Marketings vorgenommen wird. Anschließend erfolgt eine kurze Darstellung der für den Lebensmitteleinzelhandel relevantesten Social Media Plattformen.

Weiterhin werden die generellen und bisher genutzten Möglichkeiten zur Neukundengewinnung im deutschen Lebensmitteleinzelhandel aufgezeigt.

Darauf aufbauend folgt der Analyseteil, bei dem im dritten Kapitel zunächst die Gestaltungsansätze des Social Media Marketings mit Bezug zur Neukundengewinnung am Beispiel des Lebensmitteleinzelhandels dargestellt werden. Die Problembereiche, die aus den Gestaltungsansätzen entstanden sind, werden im anschließenden vierten Kapitel erörtert und es wird versucht, diese durch korrespondierende Lösungsansätze zu entkräften.

Das fünfte Kapitel bietet abschließend eine Zusammenfassung der erarbeiteten Kriterien und stellt einen Ausblick sowie Überlegungen zu weiteren wissenschaftlichen Forschungen des Social Media Marketings in Bezug auf die Neukundengewinnung im Bereich des Lebensmitteleinzelhandels dar.

2. Begriffliche Grundlagen der Thematik

Um ein Basiswissen zur vorliegenden Thematik zu erhalten, wird in diesem Kapitel zunächst eine Abgrenzung des Social Media Marketings gegenüber dem Content Marketing vorgenommen. Daran anschließend werden Social Media Plattformen vorgestellt, bevor auf die Möglichkeiten der Neukundengewinnung im Lebensmitteleinzelhandel eingegangen wird.

2.1. Abgrenzung Social Media Marketing gegenüber Content Marketing

Zur Annäherung an das Thema erfolgt in diesem Abschnitt zunächst eine definitorische Abgrenzung der relevanten Begrifflichkeiten Social Media Marketing sowie Content Marketing.

Als Hintergrundinformation ist der Kenntnisstand wichtig, dass die klassischen Werbeinstrumente in Form der Print-, Radio- oder TV-Werbung von den Konsumenten immer weniger wahrgenommen und bereits als störend empfunden werden, was zu einer Ignoranz der dargestellten Werbung durch die jeweiligen Konsumenten führt.[8] Auch die Online-Werbung, die in Form von Bannern oder Pop-Ups den Internetnutzern im Rahmen der Push-Werbung angezeigt wird, findet immer weniger Aufmerksamkeit. [9]

Diese Abnahme der Aufmerksamkeit der Konsumenten in Bezug auf die gängigen Werbeinstrumente sowie der Wandel zum Web 2.0, der durch einen ständigen Austausch der Nutzer gekennzeichnet ist, veranlasst die Unternehmen und dementsprechend auch die Einkaufsstätten aus dem Bereich des Lebensmitteleinzelhandels dazu, sich ebenfalls im Bereich des Social Media Marketings zu etablieren.[10]

2.1.1. Definition Social Media Marketing

Das Social Media Marketing stellt eine Form des Online-Marketings dar. Hettler definiert den Begriff des Social Media Marketings als eine Marketingform, deren priorisiertes Ziel die Vermarktung des Unternehmens und der Produkte darstellt. Die Erreichung dieses Ziels wird

---

[8] Vgl. Hettler 2010, S. 30.
[9] Vgl. Hettler 2010, S. 31 f.
[10] Vgl. Weinberg 2012, S. 8.

mittels Web 2.0 - basierten Applikationen sowie Technologien angestrebt, um sich an sozialen Kommunikations- und Austauschprozessen zu beteiligen.[11]

Das Social Media Marketing wird zudem in den Marketing Mix eingeordnet, in welchem die vier verschiedenen Marketing-Strategien Produktpolitik (Product), Preispolitik (Price), Distributionspolitik (Place) sowie Kommunikationspolitik (Promotion) zusammenwirken.[12] Bruhn stellt im Rahmen des Marketing-Mix in Bezug auf die Kundenakquisition heraus, dass die Produktpolitik mit Fokus auf den Kundendialog, die Verpackungsgestaltung, der Produktzusatznutzen, die Markierung sowie die Produktverbesserung im Vordergrund stehen. Durch den Einsatz einer Niedrigpreisstrategie sollen in der Preispolitik Sonderangebote, Boni und Skonti sowie Finanzierungsangebote der Unternehmen dazu beitragen, neue Kunden für die Einkaufsstätten zu gewinnen. Im Rahmen der Distributionspolitik zählen – laut Bruhn – zu den vorrangig durchzuführenden Maßnahmen: das Produktsampling, spezielle Aktionen am Point of Sale, der Direktvertrieb sowie Verkaufsgespräche mit den potenziellen Neukunden. Weiterhin stellt Bruhn heraus, dass die Verkaufsförderung durch ein aktives Direct Marketing, durch die Massenkommunikation mit Dialogfunktion sowie die Verkaufsförderung unterstützt werden kann.[13]

Das Social Media Marketing wird aufgrund seiner kontinuierlichen Massenkommunikation und Dialogfunktion mit den Kunden und potenziellen Neukunden auf den Social Media Plattformen der Verkaufsförderung zugeordnet, um durch ein positives Unternehmensimage neue Kunden für die eigene Einkaufsstätte gewinnen zu können.[14]

Der Nutzen des Social Media Marketings seitens der Unternehmen liegt einerseits in der Kommunikation mit den Konsumenten sowie den potenziellen Neukunden. Andererseits werden Unternehmensinhalte, Produkte und Dienstleistungen online veröffentlicht.[15]

Laut Weinberg wird zudem die Möglichkeit geschaffen, mit einer breiten Community in Kontakt zu treten, die durch die klassischen Werbeinstrumente nicht erreichbar ist. Für die Kommunikation von Produkten und Dienstleistungen besteht für die Unternehmen im Rahmen des Social Media Marketings die Aufgabe, die eigene Aufmerksamkeit auf die Communities zu richten und eine Beziehung zu den Kunden und potentiellen Neukunden aufzubauen.[16]

---

[11] Vgl. Hettler 2010, S. 38.
[12] Vgl. Saravanakumar/Sugantha Lakshmi 2012, p. 4444/Vgl. Singh 2012, pp. 40 f.
[13] Vgl. Bruhn 2018, S. 11.
[14] Vgl. Saravanakumar/Sugantha Lakshmi 2012, p. 4444 f.
[15] Vgl. Weinberg 2012, S. 8 f.
[16] Vgl. Weinberg 2010, S. 4.

Insgesamt gesehen, bestehen vielfältige Einsatzbereiche im Hinblick auf das Social Media Marketing. Hettler wagt hier eine Definition dieser Schwerpunkte. Den ersten Schwerpunkt sieht er in dem seriösen und ehrlichen Austausch mit den Kunden und potentiellen Neukunden sowie öffentlichen Anspruchsgruppen. Zudem sollten kontinuierlich die Kundenbedürfnisse analysiert werden, um hier eine Orientierungsmöglichkeit zu schaffen. Weiterhin sieht Hettler das Social Media Marketing als ein Mittel, durch das Kunden zu bestimmten Handlungen veranlasst werden wie beispielsweise den Kauf von Produkten oder das Liken von Unternehmen auf den Social Media Plattformen. Als letzten Einsatzbereich stellt er das Social Media Marketing als einen methodischen Ansatz dar, durch den eine Marktforschung vorgenommen werden kann, die weiterhin bei einer Entscheidungsfindung, der Realisierung sowie der anschließenden Kontrolle unterstützend tätig ist.[17]

2.1.2. Begriffserklärung Content Marketing

Patrutiu Baltes zeigt auf, dass der Begriff des Content Marketings bereits im Jahre 1996 verwendet wurde, als John F. Oppedahl eine Konferenz für Journalisten der American Society for Newspaper für Redakteure leitete. Im Jahre 1998 hatte Jerell Jimerson den Titel „Director of Online and Content Marketing" bei Netscape inne. Im Jahre 1999 definierte der Autor Jeff Cannon den Begriff des Content Marketing, als Inhalte, die erstellt werden, um den Verbrauchern die Inhalte zu liefern, nach denen sie suchen.[18]

Nach eingehender Recherche wird das Content-Marketing in der einschlägigen Literatur nicht einheitlich definiert.

Das Content-Marketing-Institut definiert beispielsweise das Content Marketing als einen strategischen Marketingansatz, der sich auf das Kreieren und Verbreiten von wertvollen, relevanten und beständigen Inhalten fokussiert, um die Aufmerksamkeit einer vorher festgelegten Zielgruppe zu erlangen und zu halten sowie erfolgsversprechende Kundenaktionen voranzutreiben.[19]

---

[17] Vgl. Hettler 2010, S. 38 f.
[18] Vgl. Patrutiu Baltes 2015, S. 114.
[19] Vgl. URL 3.

Susan Gunelius hingegen definiert das Content Marketing als alle Arten von Inhalten, die den Konsumenten einen Mehrwert bieten und direkt oder indirekt für ein Unternehmen, Produkte, eine Marke oder Dienstleistungen werben.[20]

Angel von Kee und Rashad Yazdanifard legen ihr Augenmerk bei ihrer Definition des Content Marketings auf den Einsatz von digitalen Medien. Sie beschreiben das Content Marketing als einen Managementprozess, bei dem ein Unternehmen eine Identifikation und Analyse der Kundennachfrage vornimmt, um dadurch mithilfe der elektronischen Medien Gewinn erzielen zu können.[21]

An den hier dargestellten Definitionen des Content Marketings ist jedoch eine Gemeinsamkeit erkennbar. Sie stellen in den Vordergrund, dass der Fokus beim Content Marketing in der Verbreitung von Inhalten liegt. Zudem stellt Patrutiu Baltes heraus, dass heutzutage jedes Unternehmen, das wettbewerbsfähig werden oder bleiben möchte, auf dem digitalen Markt Marketinginhalte entwickeln muss, die an das Unternehmensziel angepasst sind und durch die richtigen sozialen Netzwerke verteilt werden.[22]

2.2. Social Media Plattformen

Aufgrund der bereits großen Anzahl an Social Media Plattformen, die im Social Web vorzufinden sind, werden hier die für Unternehmen – und darin eingeschlossen auch der Lebensmitteleinzelhandel – relevantesten Social Media Plattformen kurz dargestellt. Die Auswahl wurde anhand von statistischen Daten, wie der Mitgliederzahl, der Nutzung von Unternehmen, der Angebotsform sowie dem Bekanntheitsgrad ausgewählt.

Im Rahmen einer Umfrage, bei der die Unternehmen nach ihrer Social Media Nutzung weltweit im Jahre 2020 befragt wurden, stellte sich heraus, dass die Social Media Plattformen Facebook (94 %), Instagram (76 %), LinkedIn (59 %) sowie Twitter und YouTube mit jeweils 53 % von den Unternehmen am meisten genutzt werden.[23]

In der einschlägigen Literatur wird keine genaue Einteilung oder Klassifizierung dieser hier aufgeführten Social-Media-Kanäle vorgenommen. Weinberg wagt jedoch eine Unterteilung in die folgenden Gruppen:

- o Netzwerke (z. B. Facebook, LinkedIn)

---

[20] Vgl. Gunelius 2011, S. 10.
[21] Vgl. Wong An Kee/Yazdanifard 2015, S. 1055.
[22] Vgl. Patrutiu Baltes 2015, S. 114.
[23] Vgl. URL 4.

- o Bild- und Videoplattformen (z. B. Instagram und YouTube)
- o Blogs und Microblogs (z. B. Twitter)[24]

Dementsprechend wird im Folgenden auf jeweils eine der wesentlichen Social Media Plattformen pro unterteilte Gruppe näher eingegangen, die auch im Lebensmitteleinzelhandel genutzt wird.

Als ein Beispiel der ersten oben genannten Gruppen, sei die Social Media Plattform Facebook genannt, die auf ihrer Homepage ihre Unternehmensphilosophie wie folgt darstellt:

„Unsere Mission: Den Menschen die Möglichkeit zu geben, Gemeinschaften zu bilden, und die Welt näher zusammenzubringen." [25]

Facebook ist ein soziales Netzwerk, das sowohl für Privatpersonen als auch für Unternehmen geeignet ist. [26] Im Jahre 2004 gründete der damalige Harvard Student Marc Zuckerberg zusammen mit seinen Kommilitonen Chris Hughes, Dustin Moskovitz und Eduardo Saverin „thefacebook.com", das bereits nach vier Monaten eine Millionen Nutzer aufwies, nachdem mehrere Universitäten und Schulen an das Netzwerk angeschlossen wurden. Erst im Jahre 2005 erhielt es seinen heutigen Namen Facebook.[27]

Laut Hilker handelt es sich bei Facebook um eine Social Media Plattform, auf der User ihre eigenen Profile erstellen und mit Texten und Fotos ergänzen können. Zudem können sie eine Kommunikation mithilfe von offenen oder verdeckten Nachrichten oder mittels eines Echtzeitchats mit anderen Usern durchführen. Weiterhin wurde die Möglichkeit geschaffen, auch andere Nutzer- oder Unternehmensprofile zu besuchen.[28]

Auf Unternehmensseite bietet Facebook die Möglichkeit zur Einrichtung eines Firmenprofils sowie zur Gründung von themen- oder produktrelevanten Gruppen. Auch der kommunikative Einsatz von Pinnwänden, die Entwicklung von Apps und Promotions-Aktionen sowie das Schalten von Werbebannern stellen eine lukrative Möglichkeit für Firmen dar, wobei zu berücksichtigen ist, dass Werbebannern, wie bereits in Abschnitt 2.1. erwähnt, von Facebook Nutzern weniger Aufmerksamkeit geschenkt wird.[29]

Die Zahl der Facebook User stieg seit der Gründung kontinuierlich an und erreichte im dritten Quartal 2020 rund 2,7 Milliarden aktive Nutzer.[30]

---

[24] Vgl. Weinberg 2014, S. 1.
[25] Vgl. URL 5.
[26] Vgl. Hilker 2010, S. 34 f.
[27] Vgl. URL 6.
[28] Vgl. Hilker 2010, S. 33.
[29] Vgl. Hilker 2010, S. 34.
[30] Vgl. URL 7.

Ein Beispiel der zweiten genannten Gruppe, stellt die Social Media Plattform YouTube dar. Diese bewirbt ihre Unternehmensphilosophie mit dem Slogan:

„Unsere Mission ist es, allen eine Stimme zu geben und ihnen die Welt zu zeigen."[31]

Bei YouTube handelt es sich um eine Videoplattform, die im Jahre 2005 von den PayPal Angestellten Chad Hurley, Steve Chen und Jawed Karim gegründet wurde.[32] Bereits im Oktober 2006 wurde YouTube von Google für 1,65 Billionen Dollar übernommen.[33]

Laut Hilker ermöglicht YouTube den Nutzern, eigene Videos hochzuladen und die Videos von anderen Usern anzuschauen. Zudem gibt es die Möglichkeit, mit anderen Nutzern in Form von Kommentaren und Meinungen zu interagieren und kommunizieren. Weiterhin ermöglicht diese Videoplattform, Unternehmen, Werbebanner innerhalb der Videos zu schalten und eigene Unternehmens- oder Produktvideos hochzuladen, um dementsprechend potenzielle Neukunden zu erreichen und deren Meinungen und Kommentare auszuwerten.[34]

Laut einer Studie von Elite Content Marketer, nutzen auf Unternehmensseite 62 % der Firmen die Videoplattform YouTube, um Unternehmens- oder Produktinhalte zu veröffentlichen. Dem gegenüber geben 80 % der potenziellen Käufer an, sich ein YouTube-Video zu einem geplanten Kauf anzusehen. Zudem gaben 90 % der Nutzer an, dass sie mithilfe der YouTube Plattform auf neue Produkte oder Marken aufmerksam werden.[35]

Sowohl im Jahre 2019 als auch im Jahre 2020 loggten sich weltweit monatlich zwei Milliarden Nutzer auf YouTube ein.[36] Zudem ist es für fast 10 % des vollständigen Online-Datenverkehrs verantwortlich und im Bereich der Videos die führende Social Media Plattform.[37]

Zu der dritten dargestellten Gruppe der Social Media Plattformen gehört unter anderem der Social Media Kanal Twitter. Twitter bewirbt sein Unternehmen mit dem folgenden Slogan:

„What you share on Twitter may be viewed all around the world instantly. You are what you Tweet!"[38]

Bei dem Social Media Kanal Twitter handelt es sich um einen Mikroblog. Hierbei werden durch Privatpersonen, Personen des öffentlichen Lebens, aber auch Unternehmen, Kurznachrichten

---

[31] Vgl. URL 8.
[32] Vgl. Burgess/Green 2018, p. 1.
[33] Vgl. Burgess/Green 2018, p. 3.
[34] Vgl. Hilker 2010, S. 42.
[35] Vgl. URL 9.
[36] Vgl. URL 10.
[37] Vgl. Hilker 2010, S. 43.
[38] Vgl. URL 11.

in Form von sogenannten „Tweets"[39] mit einer maximalen Anzahl von 140 Zeichen veröffentlicht.[40]

Die Entstehungsgeschichte von Twitter datiert auf das Jahr 2006. Es wurde damals von den Mitarbeitern der Podcast-Firma Odeo, Jack Dorsey, Biz Stone, Evan Williams sowie Noah Glass, entwickelt und zunächst innerhalb der Firma veröffentlicht. Schnell wurde Twitter aber auch für ein breiteres Publikum zur Verfügung gestellt. [41]

Laut Hilker können Twitter Kurznachrichten auf dem eigenen Profil verfasst und für interessant befundene Tweets an die eigenen Follower[42] weitergeleitet werden. Die Nutzer selbst können ebenfalls anderen Personen auf Twitter folgen.[43]

Für Unternehmen bietet Twitter die Möglichkeit der Verkaufsförderung, der Kommunikation mit den potenziellen Kunden sowie der Marktforschung.[44]

Im dritten Quartal 2020 erzielte Twitter weltweit 187 Nutzer, die täglich auf dieser Social Media Plattform aktiv sind.[45]

2.3. Möglichkeiten der Neukundengewinnung im Lebensmitteleinzelhandel

Nachdem auf Basis des Ausgangsthemas in den vorherigen Abschnitten die grundlegenden Begrifflichkeiten des Social Media Marketings erläutert wurden und eine Darstellung der auch für den Lebensmitteleinzelhandel relevanten Social Media Plattformen erfolgte, werden in diesem Abschnitt die generellen Möglichkeiten der Neukundengewinnung im Lebensmitteleinzelhandel kurz dargestellt. Dies mit dem Ziel, dass im Hinblick auf die Ausgangsthematik, ein breiteres Hintergrundwissen erzeugt wird und eine Übertragung des Wissens auf die Social Media Nutzung des Lebensmitteleinzelhandels zur Neukundengewinnung vorgenommen werden kann.

Es sei angemerkt, dass der Lebensmitteleinzelhandel von einem Wettbewerb zwischen den fünf größten Lebensmittelunternehmen Edeka, Rewe, Kaufland, Lidl und Aldi Süd bezugnehmend

---

[39] Das Wort „Tweet" kommt aus dem Englischen und wird mit dem Wort „Zwitscher, Piepser" übersetzt/Vgl. Scholze-Stubenrecht et al. 1999, p. 587.
[40] Vgl. Hilker 2010, S. 37.
[41] Vgl. Weinberg 2014, S. 174.
[42] Das Wort „Follower" stammt aus dem Englischen und wird mit dem Wort „Gefolge" übersetzt/Vgl. Scholze-Stubenrecht et al 1999, p. 330.
[43] Vgl. Hilker 2010, S. 38.
[44] Vgl. Hilker 2010, S. 38 f.
[45] Vgl. URL 13.

auf die Preissensibilität der Konsumenten geprägt ist. [46] Eine weitere Herausforderung besteht in dem Preiswürdigkeitsurteil der Verbraucher. Hier ist der Lebensmitteleinzelhändler gefordert, mithilfe von kommunikationspolitischen Maßnahmen, die Wertigkeit des Produktes und somit dessen Preiswürdigkeit dem potentiellen Neukunden zu verdeutlichen, indem eine Hervorhebung der Qualität des Produktes vorgenommen wird.[47] Ein Beispiel wäre hier der Vertrieb von Bio-Produkten im Lebensmitteleinzelhandel, die aufgrund ihrer besseren Qualität zu einem höheren Preis angeboten werden.[48]

Fink merkt jedoch bezugnehmend auf diese kommunikationspolitischen Maßnahmen an, dass die Kunden aufgrund der Vielzahl von Werbemaßnahmen, mit denen sie täglich auf den verschiedenen Werbekanälen konfrontiert werden, ablehnend reagieren. Dies betrifft insbesondere die TV-Medien sowie die Einblendung von Bannern im Social Media Bereich. Dementsprechend gestaltet sich eine Neukundenansprache mithilfe dieser, durch die Lebensmitteleinzelhändler geschalteten Werbemaßnahmen immer schwieriger.[49]

Vor diesem Hintergrund ist es wichtig, dass der Lebensmitteleinzelhandel diese Aspekte in der Neukundenansprache berücksichtigt. Aus diesem Grund seien nachfolgend zunächst die traditionellen Offline-Möglichkeiten zur Neukundengewinnung im Lebensmitteleinzelhandel genannt.

Laut Knümann bietet sich als eine Möglichkeit der Neukundengewinnung im Lebensmitteleinzelhandel das Couponing an, insbesondere in der Form der Pre-Sales Coupons. Diese werden durch den Lebensmitteleinzelhandel mittels Printmedien unter anderem an potenzielle Neukunden verteilt, um das Kaufverhalten der Konsumenten vor dem Kauf zu beeinflussen und zum Kauf in der eigenen Einkaufsstätte zu bewegen. [50]

Eine im Lebensmitteleinzelhandel wesentliche Form der Kundengewinnung durch Printmedien – mit denen unter anderem auch die Verteilung von Pre-Sales-Coupons erfolgt – stellt der Einsatz von Handzetteln dar, die einmal wöchentlich per Zeitungsbeilage oder per Post an die Verbraucher und potenziellen Neukunden verteilt werden.[51]

Laut Bauer, Görtz und Haber erfüllen diese Handzettel im Lebensmitteleinzelhandel drei Funktionen: Die erste Funktion wird als Informationsfunktion bezeichnet, weil die Konsumenten mithilfe der Handzettel über Preisreduzierungen informiert werden. Die zweite

---

[46] Vgl. URL 14.
[47] Vgl. Siems/Hofmann 2006, S. 57.
[48] Vgl. Spiller 2006, S. 24 f.
[49] Vgl. Fink 2008, S. 13.
[50] Vgl. Knümann 2004, S. 47 f.
[51] Vgl. URL 15.

Funktion umfasst die Transportfunktion, bei der Promotionsangebote beispielsweise in Form von Gewinnspielen, Warenproben oder Rezepten übermittelt werden. Dies stellt eine weitere Möglichkeit der Neukundengewinnung dar, weil durch Gewinnspiele oder Warenproben potenzielle Neukunden zum Kauf in die beworbene Einkaufsstätte gelockt werden. Die dritte Funktion, die laut Bauer, Görtz und Haber dem Handzettel zugesprochen wird, ist die Erinnerungsfunktion. Durch das Mitführen des Handzettels durch den Kunden wird er am Point of Sale (POS) an die Angebote und Promotionen erinnert. [52]

Es ist jedoch weiterhin zu beachten, dass die Handzettel ihre Wirkung zur Neukundenansprache am besten erreichen, wenn eine zielgruppenspezifische Ansprache erfolgt, bei der die Werbemaßnahmen auf die Zielgruppe abgestimmt wird. [53]

Laut Bauer et al. ergibt sich eine weitere Möglichkeit zur Neukundengewinnung durch die Beigabe von Gratisprodukten oder günstigen Zusatzprodukten. Diese werden entweder der Produktverpackung durch den Hersteller als Beilage hinzugefügt oder durch den Lebensmitteleinzelhändler außen an der Produktverpackung angebracht. Eine durch Bauer et al. durchgeführten Studie – bei der 519 Konsumenten nach ihrer Beurteilung zu verschiedenen Promotionsinstrumenten befragt wurden – zeigt, dass 44,8 % der Befragten diese Produktzugaben als ein wirkungsvolles Instrument zur Neukundengewinnung empfunden haben.[54]

Weiterhin wird aus dieser Studie ersichtlich, dass die wirkungsvollste Möglichkeit, für Lebensmittelhersteller, um Neukunden zu gewinnen, darin besteht (68,8 % der Befragten), Warenproben am Point of Sale (POS) kostenlos zu verteilen oder per Post oder mithilfe der Printmedien darauf aufmerksam zu machen. Hierbei wird die Aufmerksamkeit der potenziellen Neukunden auf neue oder bestimmte Produkte gelenkt, mit Bezug zu dem jeweiligen Lebensmitteleinzelhandel. [55]

Aber nicht nur die hier dargestellten Offline- Marketingmaßnahmen sind für die Neukundengewinnung im Lebensmitteleinzelhandel relevant. Durch den technologischen Wandel hat sich das Suchverhalten der Konsumenten nach Produkten und Serviceleistungen geändert, wodurch auch der Lebensmitteleinzelhandel vor einem Wandel steht und sich im

---

[52] Vgl. Bauer/Görtz/Haber 2004, S. 12.
[53] Vgl. Olsen/Olsen 2004, pp. 43.
[54] Vgl. Bauer/Görtz/Haber 2004, S. 19.
[55] Vgl. Bauer/Görtz/Haber 2004, S. 21 f.

Bereich des Online-Handels und der Social Media Plattformen etablieren und positionieren muss, um Neukunden für seine Einkaufsstätte zu gewinnen.[56]

Wie bereits in Abschnitt 1 erwähnt, nutzen die Konsumenten gegenwärtig die Social Media Plattformen, um sich über neue Produkte oder Unternehmen sowie Promotionsaktionen zu informieren. Darauf muss sich der Lebensmitteleinzelhandel entsprechend einstellen, um auch über diese Marketingmaßnahmen Neukunden gewinnen zu können. [57]

Aus diesem Grund wird in dem nachfolgenden Analyseabschnitt dieser Arbeit die Wichtigkeit des Social Media Marketings im Hinblick auf die Neukundengewinnung im Lebensmitteleinzelhandel herausgestellt. In einem ersten Schritt werden die Gestaltungsansätze des Social Media Marketings aufgezeigt.

---

[56] Vgl. Kreutzer/Rumler/Wille-Baumkauff 2020, S. 1.
[57] Vgl. Grabs/Bannour/Vogel 2017, S. 27.

3. Gestaltungsansätze des Social Media Marketings zur Neukundengewinnung im Lebensmitteleinzelhandel

In diesem Kapitel erfolgt zunächst eine Darstellung der Gestaltungsansätze des Social Media Marketings mit Bezug zur Neukundengewinnung am Beispiel des Lebensmitteleinzelhandels. Im daran anschließenden vierten Abschnitt werden die Problembereiche dieser zuvor aufgeführten Gestaltungsansätze aufgezeigt. Weiterhin wird versucht, diese durch korrespondierende Lösungsansätze zu entkräften.

3.1. Communities zur Erlangung größerer Bekanntheit

Einen ersten Gestaltungsansatz im Bereich des Social Media Marketings, um Neukunden im Lebensmitteleinzelhandel zu gewinnen, stellen die Communities dar.

Unter den sogenannten Virtual Communities wird eine Gemeinschaft von Personen bezeichnet, die mithilfe des Internets oder anderen Netzwerken gemeinsame Empfindungen, Ideen oder Interessen teilen.[58] Die Voraussetzung, damit User in den sozialen Netzwerken Informationen mit anderen Nutzern teilen können – beispielsweise in Form von Empfehlungen für bestimmte Produkte oder Unternehmen – ist, dass ein Profil erstellt wird, welches durch den Nutzer individuell angepasst werden kann.[59]

Ein Beispiel für eine Community ist das soziale Netzwerk Facebook, über das Produkte, Unternehmen oder Interessen mit einem „Gefällt mir"-Button durch die Nutzer bewertet werden können. Zudem ist es mittels dieser Plattform möglich, die erstellten Inhalte von Unternehmen und anderen Nutzern zu teilen und zu kommentieren.[60]

Durch diese Bewertungsfunktionen der Nutzer können, bezugnehmend auf die Neukundengewinnung im Lebensmitteleinzelhandel, beispielsweise neue Produkte per Mundpropaganda in den sozialen Netzwerken verbreitet werden. Diese Mundpropaganda mittels der Social Media Plattformen wird auch als virales Marketing bezeichnet.[61]

Laut Reiter liegt der Vorteil des viralen Marketings in der schnellen und kostenlosen Verbreitung von Unternehmensinformationen durch die Nutzer sowie in der Tatsache, dass diese Informationen nicht als Werbemaßnahmen der jeweiligen Einkaufsstätte empfunden

---

[58] Vgl. Scheurer/Spiller 2010, S. 165.
[59] Vgl. Weinberg 2012, S. 217 f.
[60] Vgl. Carter/Levy 2012, pp. 35 ff.
[61] Vgl. Langner 2009, S. 27 f./Vgl. Lindgreen/Dobele/Vanhamme 2013, pp. 2.

werden. Die Glaubwürdigkeit wird durch die persönlichen Empfehlungen der anderen Community-Nutzer dadurch erhöht. Zudem können innerhalb einer sehr kurzen Zeit viele neue potenzielle Kunden erreicht werden, was zu einer höheren Bekanntheit des Unternehmens führt. [62]

Ein Beispiel für die Nutzung des viralen Marketings zur Neukundengewinnung im Lebensmitteleinzelhandel besteht in der Facebookseite des Lebensmitteleinzelhandelsunternehmens Lidl. Lidl weist aktuell eine Abonnentenzahl bei Facebook von 2.648.779 Community-Nutzern auf und 2.710.443 Personen haben diese Facebookseite mit dem Button „Gefällt mir" markiert. Mit seinen Posts, beispielsweise zu dem angebotenen Produkt Next Leven Hackfleisch, welches auf dieser Social Media Plattform mit dem Slogan „LaMETTa für alle" beworben wird, nutzt Lidl das virale Marketing, um die durch die Nutzer getätigten „Gefällt mir" Angaben, Kommentare und das Teilen des Beitrags, potenzielle Neukunden auf den Social Media Plattform zu erreichen und somit eine größere Bekanntheit zu erlangen. [63]

3.2. Gewinnspiele und Serviceleistungen zur Gewinnung neuer Kunden und Communitynutzer

Eine weitere Möglichkeit zur Neukundengewinnung mithilfe des Social Media Marketings mit Bezug zum Lebensmitteleinzelhandel, bieten Gewinnspiele und Serviceleistungen, die auf den Social-Media-Kanälen angeboten werden können.

Laut Grabs bietet es sich für diese Art der Neukundengewinnung an, die Social-Media-Kanäle Facebook oder Twitter dahingehend zu nutzen, dass beispielsweise die Unternehmen die Nutzer auf diesen Plattformen dazu auffordern, ein Bild von sich und einem Produkt aus der Einkaufsstätte hochzuladen. Der Gewinner der Verlosung wird durch die meisten „Gefällt mir"-Markierungen oder Kommentare ermittelt. Grabs bekräftigt, dass durch diese Vorgehensweise das gewünschte virale Marketing erreicht wird und auch die Aufmerksamkeit von potenziellen Neukunden gewonnen wird. [64]

Durch diese Art der Gewinnspiele können von den Teilnehmern zudem kostengünstig Personendaten, wie unter anderem Emailadressen, abgefragt sowie die Zustimmung zu Opt-ins

---

[62] Vgl. Reiter 2008, S. 87 f.
[63] Vgl. URL 16.
[64] Vgl. Grabs/Bannour/Vogl 2018, S. 181 f.

zur Teilnahme verlangt werden.[65] Hierbei stimmt der Teilnehmer der Zusendung von Werbemaßnahmen beispielsweise auf dem E-Mail-Postweg zu, wodurch potentielle Neukunden über Produkte aus der jeweiligen Einkaufsstätte auch nach Ablauf des Gewinnspiels informiert und somit für einen Kauf im Unternehmen gewonnen werden können.[66]

Ein Beispiel für ein Gewinnspiel aus dem Lebensmitteleinzelhandel ist das Gut Ponholz-Gewinnspiel von Netto Marken-Discount, welches im Jahr 2016 auf Facebook ausgeschrieben wurde. Hier wurden die Teilnehmer dazu aufgefordert, sich eine Bauernregel auszudenken und diese in den Kommentaren unter der Gewinnspielausschreibung zu hinterlegen. Die von Netto am besten bewerteten 20 Teilnehmer konnten einen Einkaufsgutschein des Lebensmitteleinzelhandels gewinnen.[67]

Aber auch Serviceleistungen, wie das Veröffentlichen von Rezepten auf den Social-Media-Kanälen, stellen eine wirkungsvolle Maßnahme zur Kundengewinnung im Lebensmitteleinzelhandel dar, denn Food ist beispielsweise eine der meistbesuchten Kategorien auf der Plattform Pinterest. [68]

Als Beispiel sei hier auf der Facebookseite des Lebensmitteleinzelhändlers EDEKA ein Beitrag zu einem Rucola-Pesto-Rezept zu nennen, welches am 06.11.2020 veröffentlicht und bereits vielfach von den Nutzern geteilt und mit dem Button „Gefällt mir" markiert wurde. In dem Beitrag wird der Nutzer mittels eines Links zur Homepage des EDEKA Unternehmens weitergeleitet, auf der das vollständige Rezept inklusive der in der eigenen Einkaufsstätte zu findenden Zutaten für den Internetnutzer vorzufinden sind.[69]

Auch auf Pinterest ist Edeka mit seinen zahlreichen Rezeptvorschlägen für die Nutzer der Social Media Plattformen mit mittlerweile 43,2 Tausend Followern vertreten.[70] Durch die Kommentar- und Bewertungsfunktion der Nutzer auf Pinterest können auch potentielle Neukunden erreicht werden, indem diese auf die Webseite des Lebensmitteleinzelhändlers, den Online-Shop sowie die Einkaufsstätte am POS gelenkt werden, um die jeweiligen Zutaten dort zu kaufen.[71]

---

[65] Vgl. Rauch/Schulten/Pietsch 2013, S. 136.
[66] Vgl. URL 17.
[67] Vgl. URL 18.
[68] Vgl. Grabs/Bannour/Vogl 2018, S. 327.
[69] Vgl. URL 19.
[70] Vgl. URL 20.
[71] Vgl. Grabs/Bannour/Vogl 2018, S. 327 f.

3.3. Bonusprogramme zur Erhöhung von Aufmerksamkeit

Ein weiterer Gestaltungsansatz im Hinblick auf die Neukundengewinnung im Lebensmitteleinzelhandel ist das Angebot von Bonusprogrammen.

Schnöring stellt heraus, dass sich die sogenannten Multipartnerprogramme –aufgrund des vielfältigen Leistungsangebots – zur Neukundenakquise eignen, indem bei unterschiedlichen Unternehmen die Bonuskarte eingesetzt werden kann, um Bonuspunkte zu sammeln, die wiederum für Prämien eingelöst werden können. Jedoch weist er darauf hin, dass die Wirksamkeit der Kundenabwerbung kritisch zu sehen ist, da noch nicht ausreichende Untersuchungsergebnisse hierzu durchgeführt wurden. Durch die Empfehlungen von begeisterten Kunden des Multipartnerprogramms, die auch in den Social-Media-Kanälen erfolgen, können jedoch neue Kunden indirekt akquiriert werden. [72]

Ein Beispiel für ein solches Multipartnerbonusprogramm, das auch im Bereich des Lebensmitteleinzelhandels eingesetzt wird, ist Payback. Payback stellt in Deutschland das führende Bonusprogramm dar und weist mittlerweile mehr als 31 Millionen Kunden auf, die bei jedem Einkauf Punkte sammeln, die anschließend in Prämien oder Einkaufsgutscheine eingelöst werden können. Unter den Lebensmitteleinzelhändlern, die an diesem Bonusprogramm neben vielen anderen Händlern teilnehmen, sind beispielsweise Rewe, Penny und Real.[73]

Neben der Marktführerschaft im Bereich der Bonusprogramme in Deutschland ist Payback auch führend im Bereich des Couponings und des Mobile Couponings. Payback versendet in diesem Zuge per Post oder digital Coupons, wodurch der Kunde bei Partnerunternehmen Rabatte und zusätzliche Paybackpunkte bei einem Kauf erhält.[74]

Zudem hat Payback eine der stärksten Facebook-Fanseiten in Deutschland mit einer Abonnentenzahl in Höhe von 829.561 Personen und wurde zudem von 887.118 Personen als „Gefällt mir" markiert.[75] Diese positiven „Gefällt mir" Angaben sowie das Teilen und Kommentieren von Beiträgen von Payback auf Facebook, führen, wie bereits eingangs erwähnt, zu einem viralen Marketing und einer indirekten Empfehlung von Payback und den dahinter stehenden Unternehmen an potenzielle Neukunden.[76]

---

[72] Vgl. Schnöring 2016, S. 51.
[73] Vgl. URL 21.
[74] Vgl. Künzel 2012, S. 60.
[75] Vgl. URL 22.
[76] Vgl. Schnöring 2016, S. 51.

Dies wird auch in einer Studie des Marktforschungsunternehmens Dr. Grieger & Cie., bei der 1.515 Personen nach einem bekannten Bonusprogramm befragt wurden, deutlich, in der festgestellt wurde, dass 77,6 % der Befragten Payback als das bekannteste Bonusprogramm ansehen, obwohl nicht alle Personen Payback-Kunden darstellten. Dies zeigt, wie hoch die Bekanntheit ist und welche Möglichkeiten zur Neukundenakquise für die Lebensmitteleinzelhändlern, die am Payback Bonusprogramm teilnehmen, dadurch entstehen.[77]

Bezugnehmend auf das Ausgangsthema dieser Arbeit wird im weiteren Verlauf näher auf die Problembereiche der hier aufgeführten Gestaltungsansätze des Social Media Marketings mit Bezug zum Lebensmitteleinzelhandel eingegangen, um die möglichen negativen Szenarien aufzuzeigen.

---

[77] Vgl. URL 23.

4. Problembereiche und korrespondierende Lösungsansätze im Social Media Marketing im Hinblick auf die Neukundengewinnung im Lebensmitteleinzelhandel

In diesem Abschnitt erfolgt die Darstellung der Problembereiche der in Abschnitt 3 aufgeführten Gestaltungsansätze des Social Media Marketings zur Neukundengewinnung am Beispiel des Lebensmitteleinzelhandels. Zudem werden korrespondierende Lösungsansätze aufgezeigt, die zur Lösung dieser hier vorgestellten Problembereiche beitragen.

4.1. Fehlende Unternehmensfähigkeiten bei der Social Media Nutzung

Wie unter Abschnitt 3 bereits dargestellt, existieren vielfältige Gestaltungsansätze im Bereich des Social Media Marketings zur Neukundengewinnung im Lebensmitteleinzelhandel. In diesem Unterkapitel sollen die Problembereiche der Communities im Hinblick auf die Neukundengewinnung dargestellt werden. Anschließend werden korrespondierende Lösungsansätze aufgezeigt, die diese Problembereiche entkräften sollen.

4.1.1. Fehlende Kenntnisse der Mitarbeiter bei der Communitynutzung erschweren die Neukundengewinnung

Eine Problematik bei der Social Media Nutzung von Unternehmen im Hinblick auf die Neukundengewinnung liegt in den fehlenden digitalen Kenntnissen der eigenen Mitarbeiter bei der Communitynutzung, denn eine Grundvoraussetzung ist eine detaillierte Kenntnis der Plattformen sowie deren Do's und Don'ts. [78]

Gerade diese fachlichen Kenntnisse schrecken immer noch einige Unternehmen davor ab, sich im Social Media Marketingbereich zu etablieren, was durch eine Bitkom Research Studie aus dem Jahre 2017 bekräftigt wird. Im Rahmen dieser Studie, bei der 639 Geschäftsführer und Vorstände von Unternehmen ab 20 Mitarbeitern befragt wurden, bekräftigten 14 % der Unternehmen, dass sie nicht die notwendigen fachlichen Kenntnisse für das Social Media Marketing und somit auch die Communitynutzung haben. Zudem wurde aus der Studie ersichtlich, dass je 45 % der Unternehmen den Umgang mit Big Data und Predictive Analytics sowie die fehlenden digitalen Kenntnisse als Problematiken aufführen. [79]

Aber nicht nur die fehlenden digitalen Fertigkeiten der Mitarbeiter stellen eine Problematik bei der Nutzung der Communities dar. Auch die fehlenden Kenntnisse der Mitarbeiter im Hinblick auf die Kommunikation auf den Social-Media-Kanälen, die laut Weinberg immer offen und ehrlich erfolgen sollte, sind problematisch. Weinberg bekräftigt zudem, dass ein negatives Unternehmensimage beispielsweise durch falsche positive Meldungen, die über die Communities veröffentlicht werden, entstehen kann, wenn diese als Unwahrheiten entlarvt werden. [80]

Schüller und Schwarz machen weiterhin darauf aufmerksam, dass auch die fehlenden Fähigkeiten der Mitarbeiter in Bezug auf die richtige Reaktion auf negative Kundenbewertungen in den Communities ein negatives Unternehmensimage hervorrufen können. Die Nutzer können sich an einer negativen Produkt- oder Unternehmensbewertung förmlich hochschaukeln und diese innerhalb der Communities per Mundpropaganda schnell verbreiten. Schüller und Schwarz weisen zudem darauf hin, dass auch Mitarbeiter, die sich ebenfalls an den Diskussionen beteiligen und interne negative Unternehmenserfahrungen veröffentlichen, zu einem negativen Unternehmensimage führen. Den Mitarbeitern, die hingegen versuchen, das Image durch verteidigende Kommentare zu retten, fehlen meistens die Kenntnisse hinsichtlich der richtigen Argumentation.[81]

Zudem können das fehlende Wissen und die unzureichenden Social Media Kenntnisse der Mitarbeiter des Unternehmens dazu führen, dass die Mitarbeiter die Teilnahme und die

[78] Vgl. Jodeleit 2013, S. 8.
[79] Vgl. URL 24.
[80] Vgl. Weinberg 2010, S. 26.
[81] Vgl. Schüller/Schwarz 2010, S. 377 f.

Kommunikation in den Social Media Kanälen aus Angst vor Fehlern und negativen Konsequenzen ganz verweigern.[82]

Hettler stellt heraus, dass somit – durch die hier dargestellten fehlenden Mitarbeiterfähigkeiten bezugnehmend auf die richtige Kommunikation und Reaktion auf negative Kommentare und Bewertungen in den Communities – ein negatives Unternehmens- und auch Produktimage erzeugt wird.[83] Die Mitarbeiter des Unternehmens müssen mit großer Sorgfalt ihre Nachrichten und Antworten auf den Social Media Plattformen formulieren, um dies zu umgehen.[84]

Entsteht jedoch ein negatives Unternehmensimage, wird, gemäß Hettler, dementsprechend die Neukundengewinnung in dem Maße erschwert, dass die Kundenentscheidungen für ein Unternehmen oder ein Produkt auf Grundlage des Images erfolgen. In Bezug auf den Lebensmitteleinzelhandel entscheidet der Kunde sich dann für das Unternehmen, das ein positives Image aufweist.[85]

4.1.2. Schulung der Mitarbeiter und Einbindung von Agenturen als Lösungsansatz

Wie im vorherigen Abschnitt aufgezeigt, besteht aufgrund der fehlenden oder mangelnden Kenntnisse der Mitarbeiter in Bezug auf die richtige Kommunikation mit den Kunden und potenziellen Neukunden innerhalb der Social Media Communities die Gefahr, dass ein negatives Unternehmensimage erzeugt wird, was wiederum dazu führt, dass die potenziellen Neukunden die Produkte des Mitbewerbers bevorzugen.

Um diese Problematik zu lösen, ist es wichtig, dass das Unternehmen geeignete Mitarbeiter für die Bearbeitung der Social Media Plattformen, wie unter anderem der Communities, einsetzt.[86]

Beispielsweise kann dies, laut Etzel, durch einen Social Media Manager erfolgen, bei dem es sich entweder um einen bestehenden Mitarbeiter aus dem Unternehmen handelt oder um eine externe Person, die für diese Aufgabe neu eingestellt wird. Diese ist dann dementsprechend verantwortlich für die Prüfung und Koordination aller Social-Media-Aktivitäten im Unternehmen.[87]

---

[82] Vgl. Hettler 2010, S. 136.
[83] Vgl. Hettler 2012, S. 66.
[84] Vgl. Hofenk et al. 2017, pp. 486.
[85] Vgl. Hettler 2012, S. 66.
[86] Vgl. Assad/Gómez 2011, pp. 20.
[87] Vgl. Etzel 2014, S. 70.

Hettler bekräftigt, dass in dem Fall, dass ein oder mehrere Mitarbeiter des Unternehmens für diese Aufgabe eingesetzt werden, diese gezielt geschult werden sollten. Dies sollte darauf abzielen, die Social Media Verhaltensrichtlinien und weiterführenden Regelwerke zu erläutern und Empfehlungen für eine wirkungsvolle Kommunikation und Reaktion insbesondere auf negative Bewertungen und Kommentare der Social Media Community-Nutzer auszusprechen.
[88]

Eine weitere Möglichkeit besteht in der Beauftragung einer Social Media Marketing Agentur, die mithilfe ihrer Professionalität und ihren Kenntnissen die Unternehmenskommunikation auf den Social Media Plattformen des Unternehmens übernimmt.[89] Kritisch zu betrachten ist jedoch die Unterstützung der Social Media Agentur bei der Strategieentwicklung, dem Monitoring und der Umsetzung, weil dies zu Lasten der Authentizität des Unternehmens geht. [90]

Dennoch scheuen sich einige Lebensmitteleinzelhändler nicht davor, geeignete Agenturen für die Integration und Kommunikation auf den Social-Media-Kanälen zu beauftragen, wie beispielsweise Kaiser's Tengelmann GmbH sowie die Plus Warenhandelsgesellschaft mbH, die die Agentur Tengelmann New Media GmbH für das Social Media Marketing verpflichtet haben. Diese Agentur unterstützt die Lebensmitteleinzelhändler insbesondere bei der Integration der Social-Media-Kanäle zur Schaffung einer zeitlichen, inhaltlichen, als auch formalen Integration.[91]

4.1.3. Unmittelbarer und kontinuierlicher Kundendialog als als Lösungsansatz

Bezugnehmend auf die in Abschnitt 4.1.1. dargestellte negative Mundpropaganda der Communitynutzer, die ein negatives Unternehmens- und Produktimage hervorrufen kann, ist es von Unternehmensseite wichtig, einen unmittelbaren und kontinuierlichen Kundendialog durchzuführen, um Erschwernisse bei der Neukundengewinnung im Lebensmitteleinzelhandel zu verhindern. Dies wird insbesondere durch Hettler bekräftigt, der darauf hinweist, dass die direkte Kommunikation mit den Kunden in den Communities umfangreiche Potenziale gerade im Hinblick auf die Neukundengewinnung, die Kundenbeeinflussung und die Bewältigung von dementsprechend negativen Auswirkungen auf das Unternehmensimage aufweist. Zudem stellt

---

[88] Vgl. Hettler 2010, S. 136.
[89] Vgl. Weinberg 2012, S. 13.
[90] Vgl. Etzel 2014, S. 70.
[91] Vgl. URL 25.

er heraus, dass eine Orientierung bezugnehmend auf die individuellen Bedürfnisse und Anforderungen seitens der potenziellen Kunden eingefordert wird, die die Unternehmen auf Basis von Glaubwürdigkeit und Zuverlässigkeit den Kunden vermitteln müssen, um deren Vertrauen gewinnen und somit auch Neukunden akquirieren zu können.[92]

Um negativen Nutzer-Kommentaren in den Communities zu dem Lebensmitteleinzelhandelsunternehmen oder deren Produkten und der daraus resultierenden viralen Verbreitung eines negativen Unternehmensimages entgegenzuwirken, müssen die Unternehmen auf diese Äußerungen schnell und adäquat reagieren. [93]

Besonderer Fokus seitens des Unternehmens sollte in der Kommunikation auf Offenheit und Ehrlichkeit gelegt werden, damit auf den Social Media Plattformen eine wahrheitsgemäße, transparente und übereinstimmende Kommunikation erfolgen kann.[94] Denn eine Studie der Gesellschaft für integrierte Kommunikationsforschung (GIK) aus dem Jahre 2019, bei der 1000 Online-Nutzer befragt wurden, hat gezeigt, dass 54 % der zukünftigen Gesellschaft der unter 30-Jährigen, ihre aktuellen Informationen von Social-Media Plattformen bezieht und nur 26 % diese als glaubwürdig bewerten. Dementsprechend legt diese Studie nahe, dass die Unternehmen hier großen Wert auf Glaubwürdigkeit legen müssen, um ein positives Unternehmens- und Produktimage bei den Nutzern zu erzeugen und durch die virale Verbreitung die Aufmerksamkeit von potenziellen Neukunden gewinnen können.[95]

4.2. Geringes Vertrauen hemmt Neukundengewinnung

In diesem Unterkapitel soll die mögliche Problematik des unter Abschnitt 3.2. dargestellten Gestaltungsansatzes der Gewinnspiele aufgezeigt werden, die zur Neukundengewinnung mit Bezug zum Lebensmitteleinzelhandel von den Unternehmen eingesetzt werden. Zudem werden entsprechende Lösungsansätze aufgezeigt, die dazu beitragen, diese Problematiken im Bedarfsfall zu bewältigen.

4.2.1. Angst vor Datenmissbrauch und gefälschten Social Media Gewinnspielen auf Neukundenseite

---

[92] Vgl. Hettler 2010, S. 73 ff.
[93] Vgl. Kreutzer/Hinz 2010, S. 25.
[94] Vgl. Hettler 2010, S. 73 f.
[95] Vgl. URL 26.

Das Vertrauen der potenziellen Neukunden in Social Media Plattformen stellt eine wesentliche Grundvoraussetzung in der Akzeptanz von Social Media Gewinnspielen und dem damit einhergehenden gewünschten Erfolg der Neukundengewinnung dar.[96] Problematisch ist hier die zunehmende Verunsicherung der Kunden gegenüber den sozialen Medien, was in einer aktuellen Studie des Statista Research Departments bekräftigt wird. 1540 Personen wurden in dieser Studie im Jahre 2019 nach ihrem allgemeinen Vertrauen in soziale Netzwerke befragt. 69 % der Befragten gaben hier an, dass sie den sozialen Netzwerken im Internet eher nicht vertrauen.[97] Zudem fürchten die Social Media Nutzer bei der Teilnahme an Gewinnspielen ungewollte Werbemaßnahmen und den Missbrauch ihrer Daten, was das Angebot von seriösen Gewinnspielen und das dadurch angestrebte Ziel der Neukundengewinnung erschwert.[98]

Dies ist auch nicht verwunderlich, denn gefälschte Gewinnspiele, gerade auch im Lebensmittelbereich, sind immer wieder im Umlauf, wie ein Beispiel aus dem Lebensmitteleinzelhandelsbereich Rewe vom Mai 2020 zeigt. Hier wurde auf der Facebook-Seite Rewe-Club ein Gewinnspiel ausgelobt, bei dem 150 Kunden und auch potenzielle Neukunden ein Jahr lang kostenlose Einkäufe bei Rewe gewinnen konnten, wenn die Seite mit dem Button „Gefällt mir" durch die Teilnehmer markiert, der Beitrag geteilt und mit einem „Danke" durch die Teilnehmer kommentiert wird.[99]

Auch der Lebensmitteleinzelhändler ALDI ist immer wieder von solchen gefälschten Social Media Accounts betroffen. Dies zeigt ein Beispiel vom April 2020, als ein gefälschter Facebook Account von ALDI ein Gewinnspiel angeboten hatte, bei welchem 50 Teilnehmer ein Jahr lang kostenlose Einkäufe bei ALDI gewinnen konnten. Auch hier sollte der Beitrag auf Facebook mit „Gefällt mir" markiert, geteilt sowie mit einem „Danke" kommentiert werden, mit dem Ziel, die dadurch gewonnenen Nutzerdaten an Werbekunden weiterzuverkaufen.[100]

Um dieser Verunsicherung und dem fehlenden Vertrauen der Kunden und potenziellen Neukunden bei der Teilnahme an Gewinnspielen der Lebensmitteleinzelhändler auf den Social-Media-Plattformen entgegenzuwirken, werden in den nachfolgenden Abschnitten entsprechende Lösungsansätze aufgezeigt.

---

[96] Vgl. Holland 2016, S. 128.
[97] Vgl. URL 27.
[98] Vgl. Gedenk/Rudek/Teichmann 2001, S. 127.
[99] Vgl. URL 28.
[100] Vgl. URL 29.

4.2.2. Einhaltung der rechtlichen Gewinnspielvorgaben der Social Media Plattformen sowie Datenschutzhinweis als Lösungsansatz

In der Literatur werden einige Lösungsansätze zur Bewältigung der in Abschnitt 4.2.1. dargestellten Problematik aufgezeigt, die zu einer Erschwernis bei der Neukundengewinnung mittels Social-Media-Gewinnspielen führen können.

Ein Lösungsansatz bietet sich in der Einhaltung der gesetzlichen Gewinnspielbedingungen sowie der Vorgaben der jeweiligen Social Media Plattformen, die den Teilnehmern vor der Gewinnspielteilnahme verdeutlicht werden.[101]

Zerres stellt heraus, dass die Unternehmen die Gewinnspiele so ausrichten müssen, dass die Teilnehmer, noch bevor sie sich zu einer Teilnahme entscheiden, die Möglichkeit bekommen müssen, sich umfangreichend über die Bedingungen zu informieren, um nicht einen Wettbewerbsverstoß wegen Irreführung nach §§ 5 oder 5a UWG zu begehen. Auch durch die Darstellung von eindeutigen und klaren Teilnahmebedingungen, welche unter anderem Regelungen zur Teilnahmehandlung, -berechtigung, dem festgelegten Zeitraum der Durchführung des Gewinnspiels, der Nennung des ausgeschriebenen Gewinns sowie den Firmennamen und die Anschrift des Unternehmens, welches das Gewinnspiel auf den Social Media Plattformen ausschreibt, enthalten, wird die Seriosität des Unternehmens und des Gewinnspiels in den Vordergrund gestellt.[102]

Zudem ist erforderlich, die Zustimmung des Teilnehmers an dem Social-Media-Gewinnspiel bezugnehmend auf den Datenschutz einzuholen, der innerhalb einer Datenschutzerklärung transparent und verständlich aufgezeigt werden muss, um das Vertrauen der Teilnehmer in das Gewinnspiel und das dahinterstehende Unternehmen zu erhalten.[103]

Schirmbacher stellt heraus, dass die Unternehmen weiterhin die Gewinnspielvorgaben der jeweiligen Social Media Plattformen beachten müssen, wie beispielsweise bei Facebook. Facebook legt in den Bedingungen für Gewinnspiele von Unternehmen fest, dass ausdrücklich

---

[101] Vgl. Schirmbacher 2017, S. 173.
[102] Vgl. Zerres/Lemmer/Zerres 2017, S. 13.
[103] URL 30.

darauf hingewiesen wird, dass die vollständige Verantwortung des Gewinnspiels beim Unternehmen und nicht auf Seiten von Facebook liegt. Zudem dürfen keine Aufforderungen zum Teilen des Gewinnspielbeitrags oder zur Markierung von Freunden in den Gewinnspielbeiträgen erfolgen. Eine „Gefällt mir" Angabe sowie die Einforderung eines Kommentars ist jedoch zulässig.[104]

Um die Problematik der gefälschten Gewinnspiele und des Vertrauens der Teilnehmer zu umgehen, nutzen einige Unternehmen des Lebensmitteleinzelhandels die Möglichkeit, auf den Social Media Plattformen die Gewinnspiele mit einem Link zu versehen, der die Teilnehmer auf die Homepage weiterleitet, auf der sowohl die Teilnahmebedingungen als auch die Datenschutzerklärung vorhanden sind. Ein Beispiel hierfür ist ein aktuelles Gewinnspiel des Lebensmitteleinzelhändlers Rewe vom 22.11.2020, der auf Facebook 11 Fastelovend-Trikots des 1. FC Köln verlost und hierfür einen Kommentar zu der Gewinnspielfrage, seit wann Rewe Trikotpartner beim 1. FC Köln ist, einfordert. In dem Gewinnspielbeitrag ist zudem ein Link zur Homepage von Rewe eingefügt, auf der die Teilnahmebedingungen und Datenschutzrichtlinien aufgeführt sind.[105]

4.2.3. Besondere Aufmerksamkeit der Social Media Manager als Lösungsansatz

Ein weiterer Lösungsansatz für die in Abschnitt 4.2.1. dargestellte Problematik besteht in der besonderen Aufmerksamkeit des Social Media Managers bezugnehmend auf die Beobachtung, Analyse und Pflege der Social-Media-Aktivitäten beispielsweise bei der Durchführung von Gewinnspielen auf den Social Media Plattformen der jeweiligen Unternehmen. [106]

Neben den in Abschnitt 4.2.2. dargestellten rechtlichen Bedingungen bei den Social-Media-Gewinnspielen, deren Einhaltung ebenfalls auch durch den Social-Media-Manager beobachtet werden sollte, stellt Bruhn heraus, dass eine Zielgruppenauswahl wichtig ist, um eine aktive Zielgruppenakquisition zu betreiben. Er bekräftigt zudem, dass im Rahmen der Zielgruppenauswahl Segmentierungskriterien bestehen, die sich auf das jeweilige Unternehmen beziehen.[107] Nach der Erfassung der anzusprechenden Zielgruppe zur Neukundenakquise, ist, laut Bruhn, eine Unterteilung in die Kategorien demografische Merkmale, sozioökonomische

---

[104] Vgl. Schirmbacher 2017, S. 194 ff.
[105] Vgl. URL 31.
[106] Vgl. Weinberg/Ladwig/Pahrmann 2012, S. 75 ff.
[107] Vgl. Bruhn/Hadwich 2015, S. 20 f.

Merkmale, psychografische Merkmale und Verhaltensmerkmale notwendig. Zu den demografischen Merkmalen zählen beispielsweise das Alter, das Geschlecht und der Familienstand, wobei hingegen die sozioökonomischen Merkmale z. B. Einkommens- und Berufsverhältnisse aufweisen. Die psychografischen Merkmale sind durch die grundsätzliche Offenheit gegenüber Social Media, die Anforderungen an die Interaktivität sowie das Informationsbedürfnis der Nutzer gekennzeichnet. Die möglichen Verhaltensmerkmale stellen das Informations- und Kommunikationsverhalten der Nutzer und somit auch der potenziellen Neukunden des Unternehmens in den Social-Media-Kanälen dar. [108]

Diese Zielgruppenanalyse ist von großer Notwendigkeit, um die Social-Media-Plattformen für den Einsatz der Gewinnspiele herauszufiltern, die die beste Eignung im Hinblick auf die Neukundengewinnung aufweisen. [109] Zudem ermöglicht es die gezielte Ansprache der Zielgruppen durch das Social Media Marketing den Unternehmen, das Vertrauen der potenziellen Neukunden zu gewinnen und diese beispielsweise zu der Teilnahme an Unternehmensgewinnspielen auf den Social-Media-Plattformen zu ermutigen.[110]

Die hier dargestellte Beobachtung der Social-Media-Aktivitäten des Unternehmens durch die Social Media Manager sollte auch die Aufmerksamkeit der in Abschnitt 4.2.1. dargestellten, gefälschten Gewinnspiele auf den Social Media Kanälen mit einschließen, um hierauf direkt reagieren zu können. Beispielsweise ist auf der Social Media Plattform Facebook eine Meldung des gefälschten Unternehmensaccounts und des dementsprechend falschen Gewinnspiels möglich – direkt auf der gefälschten Accountseite von Facebook durch den Button „Profil melden".[111]

Um auf das in Abschnitt 4.2.1. dargestellte Beispiel des gefälschten Rewe Gewinnspiels einzugehen, hat hierbei das Unternehmen Rewe zusätzlich die Initiative ergriffen, seine eigenen Kunden auf seiner Facebookseite mittels eines Beitrags darauf hinzuweisen, dass das Facebook Gewinnspiel, bei dem ein Einkaufsgutschein gewonnen werden kann, keine Aktion von Rewe ist und auch nicht gestattet wurde.[112] Durch diese beispielhafte Aktion können die Glaubwürdigkeit und Zuverlässigkeit des Unternehmens Rewe bezugnehmend auf seine Kunden und auch potenziellen Neukunden, herausgestellt und Vertrauen aufgebaut werden.[113]

---

[108] Vgl. Bruhn/Hadwig 2015, S. 11 ff.
[109] Vgl. Engelen/Schütz 2017, S. 4 f.
[110] Vgl. Engelen/Schütz 2017, S. 11.
[111] Vgl. URL 32.
[112] Vgl. URL 33.
[113] Vgl. Hettler 2010, S. 73 ff.

4.3. Ermittlung des Erfolgs bei Bonusprogrammen

In diesem Unterkapitel soll die mögliche Problematik des unter Abschnitt 3.3. dargestellten Gestaltungsansatzes der Bonusprogramme mit Bezug zur Neukundengewinnung im Lebensmitteleinzelhandel erörtert werden, die beim Unternehmenseinsatz an Kundenbonusprogrammen entstehen kann. Im Weiteren werden Lösungsansätze aufgezeigt, die die hier dargestellte Problematik entkräften sollen.

4.3.1. Erfolgsbestimmung der Neukundengewinnung und

negatives Unternehmensimage durch Bonusprogramme

Bezugnehmend auf den in Abschnitt 3.3 dargestellten Gestaltungsansatz des Einsatzes von Bonusprogrammen, insbesondere auch der Multi-Partnerprogramme, in Verbindung mit dem Social Media Marketing, stellt sich die Problematik in der Erfolgsbestimmung der Neukundengewinnung der einzelnen beteiligten Unternehmen.

In der einschlägigen Literatur werden vorwiegend Untersuchungen im Hinblick auf die Erfolgsbestimmung der Kundenbindung mittels der Multipartnerprogramme dargestellt, wobei die Ermittlung des Erfolgs der Neukundengewinnung nur unzureichend behandelt wird. Eine Ausnahme bietet Diller, der in seiner Studie darauf hinweist, dass die Ermittlung des Erfolgs, gerade auch in partnerübergreifenden Bonusprogrammen, aufgrund des daraus entstehenden Einkaufsnutzens des Kunden, eine Rolle spielt.[114]

Auch der Social Media Auftritt der Multipartnerprogramme stellt die Unternehmen vor die Herausforderung, dass der Wert des Engagements nur unzureichend ermittelt werden kann, da sich viele Werte nicht quantitativ ausdrücken lassen und dadurch die Ermittlung des Return of Investments (ROI) erschwert wird.[115]

Als Beispiel für einen Social Media Auftritt eines Multipartnerprogramms sei hier Payback genannt, bei dem unter anderem auch der Lebensmitteleinzelhändler Rewe vertreten ist. Payback zeigt sich beispielsweise auf der Social Media Plattform Facebook, auf der

---

[114] Vgl. Diller/Müller 2006, S. 136.
[115] Vgl. Kreutzer/Hinz 2010, S. 28.

Interaktionen mit Kunden und potenziellen Kunden zu verzeichnen sind.[116] Dieser wertschätzende Kundendialog, den das Unternehmen Payback mit seinen Kunden und potenziellen Neukunden auf seiner Facebookseite führt, lässt sich nicht zahlenmäßig ausdrücken und stellt die einzelnen Unternehmen der Payback-Gruppe bei der Ermittlung des ROI vor Herausforderungen.[117]

Aber nicht nur die fehlende quantitative Ausdrucksform der einzelnen Werte ist problematisch. Hinzukommend ist noch der Umfang der relevanten Daten, die von den Unternehmen aus allen Social-Media-Kanälen erfasst und analysiert werden müssen, als Problematik zu nennen.[118] Denn mehr als 500 Millionen Instagram Konten nutzen täglich Instagram-Stories, die für das eigene Unternehmen und die Ermittlung der Neukundengewinnung durch die Bonusprogramme vor der Analyse zunächst prüfend aussortiert werden müssen.[119]

Zudem stellt auch Hilker heraus, dass weiterhin die Problematik besteht, dass bei der Ermittlung des Return of Investment zur Erfolgsmessung eine Kennzahlenflut besteht. Beispielsweise seien hier die Sozialen Netzwerke, wie Freunde, Fans und Kommentare, die Follower, Tweets und Retweets auf Twitter sowie die Vernetzung über Blogrolls, Links und Kommentare auf den Social Media Blogs zu nennen. Hilker bekräftigt, dass die hier dargestellten Erfolgskennzahlen jedoch nichts bei der Ermittlung des ROI über die Reichweite oder Anzahl der potenziellen Neukunden, die durch die Bonusprogramme unter Einbindung der Social Media Plattformen entstehen, aussagen.[120]

Neben der Erfolgsmessung kann auch ein negatives Unternehmensimage durch den Einsatz von Bonusprogrammen auf den Social Media Plattformen entstehen, wenn Kunden durch negative Erfahrungen mit dem Bonusprogramm ihre Meinungen und negativen Erfahrungen auf den Social Media Plattformen in Form von Kommentaren und Bewertungen publizieren.[121] Gerald und Kühling machen zudem darauf aufmerksam, dass ein Bonusprogrammanbieter – aufgrund von minderwertigen angebotenen Prämien – von den Kunden und potenziellen Neukunden als unseriös angesehen wird. Diese fehlende Seriosität wird von diesen anschließend entsprechend auf die Produkte des Unternehmens übertragen. Weiterhin weisen Gerald und Kühling darauf hin, dass sich eine schlechte Distribution der Prämien des Bonusprogrammanbieters und das kontinuierliche Abfragen sowie Angebote zu dem Bonusprogramm am Point of Sale oder auf

---

[116] Vgl. URL 34.
[117] Vgl. Kreutzer/Hinz 2010, S. 28.
[118] Vgl. Zeng et al. 2010, pp. 14.
[119] Vgl. URL 35.
[120] Vgl. Hilker 2010, S. 78.
[121] Vgl. Musiol/Kühling 2009, S. 55/Vgl. Kreutzer/Hinz 2010, S. 25.

den Social Media Plattformen, negativ auf das Unternehmensimage auswirken können, weil dies von Kundenseite als aufdringlich empfunden wird.[122]

Das Zusammenspiel der hier dargestellten Problematiken bei dem Einsatz und der Durchführung von Bonusprogrammen im Lebensmitteleinzelhandel und der entsprechenden Erfolgsmessung auf Basis der Gewinnung von Neukunden, die auf den Social Media Plattformen aktiv sind, führt zu einer hinreichenden Gesamtproblematik, für die im nächsten Abschnitt entsprechende Lösungsansätze aufgezeigt werden.

4.3.2. Messung von Konversion und Transaktion als Lösungsansatz

Als Lösungsansatz zu der in Abschnitt 4.2.2. dargestellten Problematik bietet sich die kontinuierliche Ermittlung des Erfolgs der Social-Media-Aktivitäten auf Basis des Einsatzes von Bonusprogrammen mit dem Ziel der Neukundengewinnung an. Dies kann anhand der Messung von Konversionen und Transaktionen, die die Handlungen der Nutzer auf der Unternehmenswebseite oder der Social Media Plattformen ermitteln, erfolgen.[123]

Dementsprechend kann, laut Kreutzer, eine Erfassung der Nutzer der Social Media Plattform vorgenommen werden, die sich nach dem Besuch auf der Plattform beispielsweise für weitere Informationen zu dem Unternehmen oder deren Produkte interessiert und gegebenenfalls einen Newsletter abonniert haben (Conversion). Weiterhin weist er darauf hin, dass im Rahmen der Transaction gemessen werden kann, ob nach der Einführung eines Bonus- oder Multipartnerprogramms wie Payback mehr Informationen von den Nutzern angefragt oder mehr Käufe bei dem teilnehmenden Lebensmitteleinzelhandelsunternehmen erfolgt sind, wodurch neue Intcressenten des Unternehmens ermittelt werden können.[124]

Um den Neukundenerfolg dieser Maßnahmen jedoch bestimmen zu können, ist eine gezielte Erfolgsmessung dieser Social-Media-Aktivitäten notwendig, welche sich laut Grunert in drei Unterkategorien aufteilt: Die erste Unterkategorie behandelt das Monitoring, bei dem kontinuierlich in einer kurzen Zeit die Vorgänge aufgezeichnet und beobachtet werden. Die Metriken, die hierbei überwacht werden, können unter anderem alle Konversionsraten sein, weil hierdurch eine Beschreibung des Kundengewinnungsprozesses erfolgt.[125]

---

[122] Vgl. Musiol/Kühling 2009, S. 55 f.
[123] Vgl. Jungermann 2015, S. 21 f.
[124] Vgl. Kreutzer/Hinz 2010, S. 28.
[125] Vgl. Grunert 2019, S. 254 f.

Die zweite Unterkategorie der Erfolgsmessung behandelt das Reporting, das die aus den Rohdaten gesammelten Informationen aufbereitet, um eine Grundlage für die daran anschließende Evaluation zu schaffen.[126]

Die durch Grunert aufgeführte dritte Kategorie der Erfolgsmessung stellt die Analyse dar. Bei der Analyse werden die durch das Reporting gewonnenen Daten entsprechend ausgewertet, um Antworten für die Ausgangsfragen, wie beispielsweise den Erfolg der Neukundengewinnung mithilfe der Social Media Maßnahmen, zu finden. Dies mit dem Hintergrund, die Social Media Performance dementsprechend dahingehend zukünftig zu verbessern.[127]

Hilker weist hingegen in seiner Ausarbeitung darauf hin, dass noch kein umfängliches Tool existiert, mit welchem der Erfolg der Social Media Maßnahmen und dementsprechend der Bestimmung der Neukunden, beispielsweise bei Bonusprogrammen wie Payback, gemessen werden kann. Eine realistische Einschätzung ist aber, laut Hilker, durch die Sammlung, die Analyse und die Interpretation der eingehenden User-Daten mithilfe von Software-Applikationen sowie manuell zusammengetragenen Daten möglich. Die Messung des Erfolgs, beispielsweise bei Twitter, wird durch die Anzahl der Follower und der Tweets ermittelt. Die Neukundengewinnung kann hierbei durch nutzwertorientierte Tweets mit Mehrwert unterstützt werden.[128]

Kreutzer hingegen sieht diese Erfolgsmessung jedoch kritisch. Er weist darauf hin, dass bei der Erfolgsmessung der Nutzeraktivitäten auf den Social Media Plattformen zu beachten ist, dass eine hohe Besucherzahl und die Anzahl der Tweets oder Kommentare nichts über die Anzahl der Neukunden aussagt. Hierzu müssten Unternehmen weitere Messungen hinsichtlich der Loyalität der Nutzerschaft und der Tonalität der Nutzer vornehmen, die sowohl quantitativ als auch qualitativ erfolgen sollten.[129]

Zudem ist es für Unternehmen insbesondere aus dem Lebensmitteleinzelhandel, die im Social-Media-Marketing Bereich nicht gut ausgebildet sind, ratsam, eine Social-Media-Agentur zu beauftragen, die darauf spezialisiert ist, Erfolgsmessungen der Social-Media-Plattformen für die Unternehmen vorzunehmen. Diese können von den einzelnen Unternehmen entweder teilweise oder auch für den ganzen Social-Media-Auftritt zur Unterstützung herangezogen werden.[130]

---

[126] Vgl. Grunert 2019, S. 255.
[127] Vgl. Grunert 2019, S. 256 f.
[128] Vgl. Hilker 2012, S. 27 ff.
[129] Vgl. Kreutzer/Hinz 2010, S. 29 f.
[130] Vgl. Kreutzer/Hinz 2010, S. 30.

Diese Agenturen sind nicht nur im Bereich der Erfolgsmessung unterstützend tätig, sondern auch, um die Social-Media-Aktivitäten des Unternehmens bekannt zu machen, die Nutzer für die eigenen Social-Media-Kanäle zu aktivieren, die weiteren Kommunikations- und Marketingaktivitäten des Unternehmens mit den Social-Media-Plattformen zu verknüpfen, eigenständige Kampagnen für die Social-Media-Plattformen zu erarbeiten, die Anregungen der Nutzer zu erkennen und auszuwerten, die Beantwortung der Nutzerfragen an das Unternehmen vorzunehmen sowie die Moderation von eigenen Communities für das jeweilige Unternehmen zu gestalten.[131]

Zusammenfassend ist aus der einschlägigen Literatur zu erkennen, dass zwar Möglichkeiten zur Erfolgsbestimmung der Neukundenakquise auf den Social Media Plattformen vorhanden sind, die Wissenschaftler sich aber uneinig über die richtige Vorgehensweise bei der Messung sind.

4.3.3. Integration der Bonusprogramme in die Unternehmens- strategie als Lösungsansatz

Die in Abschnitt 4.1.1. dargestellte Problematik der Gefahr des negativen Unternehmensimages, das durch negative Erfahrungen der Kunden mit dem Bonusprogrammanbieter entstehen kann, kann durch die Integration der Bonusprogramme in die Unternehmensstrategie gelöst werden.[132] Musiol und Kühling weisen darauf hin, dass das Bonusprogramm durch das Unternehmen so gestaltet werden sollte, dass es durch den Kunden als zusätzliche Maßnahme angesehen wird. Sie bekräftigen, dass das Bonusprogramm für den Kunden in sich stimmig sein sollte, um keine Irritationen oder Dissonanzen hervorzurufen.[133]

Um das Problem der negativen Erfahrungen mit den durch das Bonusprogramm angebotenen Prämien zu verringern, bekräftigt Lauer, dass bei der Prämiengestaltung durch die Unternehmen darauf geachtet wird, dass die Bonusleistungen sowohl einen ökonomischen als auch emotionalen Nutzen für den Kunden stiften. Der ökonomische Nutzen hat für den Kunden dabei einen geldwerten Vorteil, indem er seine gesammelten Punkte in Bargeld einlösen kann. Der emotionale Nutzen hingegen wird durch positive Gefühle auf Seiten der Kunden erzeugt, beispielsweise durch Freude, die auf Grundlage der Einlösung der Punkte gegen Sachprämien,

---

[131] Vgl. Becker 2019, S. 960.
[132] Vgl. Musiol/Kühling 2009, S. 55.
[133] Vgl. Musiol/Kühling 2009, S. 55 f.

Services oder Geldprämien entstehen. Hierbei sollte auf die Wertigkeit der Prämien geachtet werden, um negative Kundenkommentare auf den Social-Media-Plattformen zu vermeiden.[134]

Lauer wagt eine Einteilung der Bonusarten in vier Dimensionen, die sich in Rabatt, Spaß & Erlebnis, Statusgewinn sowie Extra-Services einteilen lassen. Zu der Rabattdimension zählt er die Einlösung der gesammelten Punkte in Bargeld. Der Dimension Spaß & Erlebnis werden immaterielle Erlebnisse zugeordnet, dem Statusgewinn entsprechende Statussymbole. In die Dimension der Extra-Services zählen aus seiner Sicht höhere Service-Level, die die Kunden durch eine hohe Punktzahl erreichen können.[135]

Auch die Möglichkeit an der Teilnahme an Multipartnerprogrammen sollten die Lebensmitteleinzelhandelsunternehmen in Betracht ziehen, denn diese haben, laut Lauer, einen zweifachen Nutzen für den potenziellen Neukunden. Durch den Einsatz des Bonusprogramms in mehreren Einkaufsstätten, erhält der Kunde die Möglichkeit, seine Punkte schneller zu sammeln und dementsprechend gegen eine Prämie einzulösen. Andererseits empfinden die Kunden die Kommunikation des Programms als angenehmer und richten somit schneller ihre Aufmerksamkeit auch auf andere Partner-unternehmen.[136]

Beispielsweise bietet das Multipartnerprogramm Payback, zu welchem unter anderem auch die Lebensmitteleinzelhändler Rewe und Real zugehörig sind, sowohl Sachprämien, Gutscheine, Spendenprämien als auch Miles & More Meilen gegen Einlösung der gesammelten Punkte an. Mit steigender Punkteanzahl steigt die Attraktivität der Prämien für die Kunden. Zudem ist eine Einlösung der Punkte auch gegen Einkaufsgutscheine zum Beispiel für den Lebensmittelkauf bei Rewe möglich.[137]

Sollten dennoch negative Erfahrungen mit dem Bonusprogrammanbieter auf Seiten der Kunden entstehen, die auf den Social-Media-Plattformen durch negative Kommentare veröffentlicht werden, sollte der Bonusprogrammanbieter geschulte Mitarbeiter im Bereich des Social-Media-Marketings einsetzen, um adäquat auf die Kommentare zu reagieren und dadurch das Entstehen eines negativen Unternehmensimage, was sich auch auf die teilnehmenden Einkaufsstätten auswirken kann, zu vermeiden.[138]

Am Beispiel des Multipartnerprogramms Payback, bietet er seinen Kunden bei Beanstandungen mit den Prämien die Möglichkeit an, diese kostenlos zurückzusenden und umzutauschen.[139]

---

[134] Vgl. Lauer 2004, S. 44 f.
[135] Vgl. Lauer 2004, S. 44.
[136] Vgl. Lauer 2004, S. 41.
[137] Vgl. URL 36.
[138] Vgl. Hettler 2012, S. 66.
[139] Vgl. URL 37.

Auf seinem Social-Media-Kanal Facebook geht das Unternehmen Payback zusätzlich auf Kundenfragen und auch Kundenanliegen ein und beantwortet diese schnellstmöglich, um ein positives Unternehmensimage zu erhalten.[140]

---

[140] Vgl. URL 38.

4. Zusammenfassung und Ausblick

Ziel dieser Arbeit war es, die Gestaltungsansätze und Problembereiche des Social-Media-Marketings als Instrument zur Neukundengewinnung am Beispiel des Lebensmitteleinzelhandels darzulegen. Zudem sollten hierzu korrespondierende Lösungsansätze aufgezeigt werden.

Im Bereich des Social Media Marketings des Lebensmitteleinzelhandels bestehen vielfältige Gestaltungsansätze, die in Communities, Gewinnspiele und Bonusprogramme untergliedert werden können. Der Einsatz von Communities hat das vorrangige Ziel, eine breite Masse an Nutzern und potenziellen Neukunden zu erreichen. Dieser Vorgang wird auch als virales Marketing bezeichnet. Dieses wird jedoch durch die Problematik erschwert, dass die eigenen Mitarbeiter des Lebensmitteleinzelhandels nur unzureichende Kenntnisse im Bereich des Social-Media-Marketings aufweisen und sich dies in der fehlenden oder auch falschen Kommunikation und Reaktion auf die Kommentare der Nutzer zeigt. Auch eine durch die eigenen Mitarbeiter überschwängliche Darstellung des Unternehmens auf den Social Media Plattformen kann zu einem negativen Unternehmensimage führen, was wiederum die Neukundengewinnung erschwert.

Als mögliche Lösungsansätze dieser Problematik können eine gezielte Mitarbeiterschulung im Social-Media-Marketing genannt werden sowie der Einsatz eines Social-Media-Managers, der für die Prüfung und Koordination aller Social-Media-Aktivitäten im Unternehmen verantwortlich ist. Bei fehlenden Unternehmenskenntnissen ist auch der Einsatz einer Social Media Agentur ratsam. Zudem ist ein kontinuierlicher und unmittelbarer Kundendialog in den Communities notwendig, um das Vertrauen der Neukunden durch ein positives Unternehmensimage gewinnen zu können.

Der zweite, in dieser Arbeit aufgeführte Gestaltungsansatz zeigt sich in der Ausführung von Gewinnspielen im Lebensmittelbereich beispielsweise auf der Social-Media-Plattform Facebook. Durch die Aufforderung der Teilnehmer, das Gewinnspiel oder Bild mit einem „Gefällt mir" Button zu markieren und zu kommentieren, wird ein virales Marketing erzeugt, wodurch auch potenzielle Neukunden erreicht werden. Zudem können Daten – unter anderem die Emailadresse der Teilnehmer – abgefragt werden, die dazu genutzt werden, um Werbeemails in Form von Produktvorstellungen aus dem Lebensmittelbereich zu versenden, um so neue Kunden für die Einkaufsstätte gewinnen zu können. Bei diesem Gestaltungsansatz stellt sich jedoch die Problematik dar, dass viele Social-Media-Nutzer Angst vor einem Datenmissbrauch ihrer, bei den Gewinnspielen angegebenen, Daten haben.

Weiterhin besteht auf Social Media Nutzerseite die Angst vor gefälschten Gewinnspielen, die gerade auch im Lebensmitteleinzelhandel häufig in Form von gefälschten Social-Media-Accounts angeboten werden. Zur Lösung dieser Problematik sollten bei der Durchführung des Gewinnspiels die rechtlichen Rahmenbedingungen, aber auch die durch die einzelnen jeweiligen Social-Media-Plattformen weiteren Regeln eingehalten werden. Auch ein Hinweis auf den Datenschutz sollte gegeben sein, um das Vertrauen der potenziellen Neukunden zu gewinnen. Zudem sollte der Social-Media-Manager des Unternehmens aus dem Lebensmitteleinzelhandelsbereich eine hohe Aufmerksamkeit bezugnehmend auf diese gefälschten Gewinnspiele und Accounts aufweisen, um diese der Social-Media-Plattform zu melden und seine Kunden und potenziellen Neukunden zu warnen.

Der letzte Gestaltungsansatz zeigt sich in der Teilnahme der Lebensmitteleinzelhändler an Multibonusprogrammen. Durch eine positive Mundpropaganda der Nutzer auf den Social-Media-Kanälen der Multibonusprogramme und dem Einlösen der gesammelten Punkte in den unterschiedlichen Einkaufsstätten in Prämien, können dementsprechend Neukunden gewonnen werden. Dies kann sich aber auch in das Gegenteil verkehren. Eine negative Mundpropaganda auf den Social-Media-Plattformen der Unternehmen, die das Bonusprogramm anbieten, kann kundenseitig auf die am Bonusprogramm teilnehmenden Einkaufsstätten zurückgeführt werden und als Resultat die Neukundengewinnung erschweren. Aus diesem Grund ist es wichtig, die Bonusprogramme in die Unternehmensstrategie mit einzubinden. Des Weiteren sollten diese Bonusprogramme für den Kunden Stimmigkeit aufweisen und eine kontinuierliche und direkte Kommunikation auf negative Kommentare auf den Social-Media-Kanälen sichergestellt werden, um ein positives Unternehmensimage zu erzeugen, was sich wiederum positiv auf die Neukundengewinnung auswirkt. Weiterhin ist es bei dem genannten Gestaltungsansatz problematisch, den Erfolg der Neukundengewinnung der einzelnen teilnehmenden Unternehmen am Multibonusprogramm auf den Social-Media-Plattformen zu bestimmen, weil die Daten auf den Social-Media-Kanälen nur schwer zu quantifizieren sind.

Diese Tatsache erschwert die Ermittlung des Return of Investment. Auch der Umfang der Daten auf den Social-Media-Plattformen, wie beispielsweise die Anzahl der Follower, Tweets oder „Gefällt mir" Angaben, stellen die Unternehmen der Multibonusprogramme bei der Ermittlung der Neukunden vor große Herausforderungen, denn diese Daten zu ermitteln, aufzubereiten und zu analysieren, stellt einen großen zeitlichen Aufwand dar. Eine Möglichkeit zur Lösung dieser Problematiken wäre eine kontinuierliche Ermittlung des Erfolgs der Social-Media-Aktivitäten auf Basis der Neukundengewinnung anhand der Messung von Konversionen und Transaktionen. Zur genauen Bestimmung dieser Messwerte ist jedoch ein genaues Monitoring,

Reporting und eine anschließende Analyse der gewonnenen Daten aus den Social-Media-Plattformen der Multibonusprogramme notwendig. Um den Zeitaufwand für die Unternehmen aus dem Lebensmitteleinzelhandelsbereich, die an dem Multipartnerprogramm teilnehmen, zu umgehen, besteht die Möglichkeit, diese Erfolgsmessung in die Hände einer Social-Media-Agentur zu legen.

Insgesamt ist festzuhalten, dass für die Unternehmen aus dem Lebensmitteleinzelhandelsbereich zwar vielfältige Möglichkeiten bezugnehmend auf die Gestaltung von Social-Media-Marketingmaßnahmen zur Neukundengewinnung bestehen, sich die genaue Anzahl der durch diese Maßnahmen auf den Social-Media-Plattformen gewonnenen Neukunden nur schwer bestimmen lässt, da noch kein genaues Tool zur Erfolgsbestimmung vorliegt. Auch die Daten, die aus den Social-Media-Plattformen gewonnen werden können, sind dahingehend zu hinterfragen, ob diese zur Bestimmung der Anzahl der Neukunden beitragen und somit den Erfolg des Unternehmens aus dem Lebensmitteleinzelhandelsbereich bei der Neukundengewinnung widerspiegeln.

Die einschlägige Literatur behandelt nur unzureichend das in dieser Arbeit bearbeitete Thema im Hinblick auf das Social-Media-Marketing bei der Neukundengewinnung. Vorwiegend wird die Kundenbindung mithilfe des Social-Media-Marketings dargelegt und erforscht.

Zusammenfassend ist aber erkennbar, dass der Social-Media-Auftritt, neben den in dieser Arbeit aufgeführten Problematiken, auch vielfältige positive Wirkungen auf die Neukundengewinnung in Form der viralen Verbreitung in den sozialen Medien und der daraus resultierenden steigenden Bekanntheit der Einkaufsstätte hat. Zudem bietet sich hier eine für das Unternehmen kostengünstige Marketingmaßnahme.

In zukünftigen Untersuchungen sollte hieran angesetzt und das Thema weitreichend im Hinblick auf die Neukundengewinnung durch das Social-Media-Marketing erforscht werden. Dadurch kann für die Unternehmen, gerade auch aus dem Lebensmitteleinzelhandel, die Möglichkeit geschaffen werden, den Erfolg der zeitlich aufwändigen Aktivitäten im Social Media Bereich bei der Neukundengewinnung ermitteln zu können. Eine Möglichkeit wäre, eine Auswertung vorzunehmen, bei der einerseits Unternehmen zu ihren Neukundenmaßnahmen auf den Social-Media-Plattformen befragt werden und andererseits eine Anzahl an unternehmensfremden, aber Social-Media affinen Kunden nach den Voraussetzungen befragt werden, die ein Unternehmen bei der Umsetzung auf den Social-Media-Plattformen erfüllen muss, um sie als Neukunden gewinnen zu können. Problematisch hierbei ist jedoch, ob sowohl die Lebensmitteleinzelhandelsunternehmen als auch die potenziellen Neukunden einer

Befragung zustimmen und eine hohe Anzahl an Beteiligungen erreicht wird, um genauere Ergebnisse erzielen zu können.

Weiterhin wäre es ratsam, dass die Wissenschaft weiter an der Erstellung eines vollumfänglichen Tools forscht, um die Neukundenbestimmung auf den Social-Media-Plattformen für die einzelnen Unternehmen einfacher zu gestalten.

Literaturverzeichnis

Assaad, W/Gómez, J. M. 2011: Social Network in marketing (Social Media Marketing) – Opportunities and Risks, in: International Journal of Managing Public Sector Information and Communication Technologies, Vol. 2, 2011, No. 1, pp. 1-22.

Bauer, H. H./Görtz, G./Haber, T. E. 2004: Effective Sales Promotion, in: Management Arbeitspapiere, Nr. M 87, Mannheim 2004.

Becker, J. 2019: Marketing-Konzeption – Grundlagen des ziel-strategischen und operativen Marketing-Managements, 11., akt. und erg. Aufl., München 2019.

Bruhn, M./Hadwig, K. 2015: Einsatz von Social Media für das Dienstleistungsmanagement, 1. Aufl., Wiesbaden 2015.

Bruhn, M. 2018: Kommunikationspolitik – Systematischer Einsatz der Kommunikation für Unternehmen, 9., vollst. akt. und erw. Aufl., München 2018.

Burgess, J./Green, J. 2018: YouTube – Online Video and Participatory Culture, Second edition, Cambridge 2018.

Carter, B./Levy, J. 2012: Facebook Marketing – Leveraging Facebook`s Features for your Marketing Campaigns, 3. edition, USA 2012.

Chang, Q./Peng, Y./Berger, P. D. 2018: The Impact of social-media performance on sales of retail-food brands, in: International Journal of Research – Granthaalayah, Vol. 6, 2018, No. 2. pp. 1.

Diller, H./Müller, S. 2018: Lohnen sich Bonusprogramme? – Eine Analyse auf Basis von Paneldaten, in: Marketing, ZFP, Journal of research and management, Vol. 28, 2006, No. 2, pp. 135-146.

Engelen, M./Schütz, A. 2017: Social Media Marketing für Start-Ups – Praktische Handlungsempfehlungen und Best Practices, Praxis Paper Technology Art Sciences, TH Köln 2017.

Etzel, S. 2014: Social Media Marketing für Unternehmen – Chancen, Herausforderungen sowie Handlungsempfehlungen für den Umgang mit dem Web 2.0., Hamburg 2014.

Fink, K.- J. 2008: Empfehlungsmarketing – Königsweg der Neukunden-gewinnung, 4. erw. Aufl., Wiesbaden 2008.

Gedenk, K./Rudek, S./Teichmann, M. H. 2001: Gewinnspiele im Internet, in: Marketing ZFP, Jahrgang 23, Heft 2, München 2001, S. 117-128.

Grabs, A./Bannour, K. P./Vogl, E. 2018: Follow me!, 5., vollst. akt. Aufl., Bonn 2018.

Grunert, G. 2019: Methodisches Content Marketing – Erfolgreich durch systematisches Vorgehen, integriertes Arbeiten und klare ROI-Orientierung, Berlin 2019.

Gunelius, S. 2011: Content Marketing for Dummies, Vol. 1, New York 2011.

Hettler, U. 2010: Social Media Marketing - Marketing mit Blogs, Sozialen Netzwerken und weiteren Anwendungen des Web 2.0, 1. Aufl., München 2010.

Hettler, U. 2012: Social Media Marketing – Marketing mit Blogs, Sozialen Netzwerken und weiteren Anwendungen des Web 2.0, 2., akt. und erw. Aufl., München 2012.

Hilker, C. 2010: Social Media für Unternehmer – Wie man Xing, Twitter, Youtube und Co. erfolgreich im Business einsetzt, Wien 2010.

Hofenk, D./van Borgelen, M./Bloemer, J./Semejin, J. 2019: How and when Retailers` Sustainability Efforts Translate into positive consumer Responses – The Interplay between Personal and Social Factors, in: Journal of Business Ethics, Vol. 156, 2019, No. 1, pp. 473-492.

Holland, H. 2016: Dialogmarketing – Offline- und Online - Marketing, Mobile- und Social Media-Marketing, 4., vollst. und erw. Aufl., München 2016.

Jodeleit, B. 2013: Social Media Relations – Leitfaden für erfolgreiche PR-Strategien und Öffentlichkeitsarbeit im Web 2.0, 2., akt. und erw. Aufl., Heidelberg 2013.

Jungermann, C. 2015: Optimierung des Verkaufsprozesses im B2B Online-Handel – Studie zur Prozessverbesserung durch Webanalyse und Content Marketing, Hamburg 2015.

Knümann, M. 2004: Couponing im Lebensmitteleinzelhandel, 1. Aufl., Hamburg 2004.

Kreutzer, R. T./Hinz, J. 2010: Möglichkeiten und Grenzen von Social Media Marketing, Working paper No. 58, IMB Institut of Management, Berlin 2010.

Kreutzer, R. T./Rumler, A./Wille-Baumkauff, B. 2020: B2B-Online Marketing und Social Media – Handlungsempfehlungen und Best Practices, 2., vollst. überarb. und erw. Aufl., Berlin 2020.

Künzel, H. 2012: Erfolgsfaktor Kundenzufriedenheit – Handbuch für Strategie und Umsetzung, 1. Aufl., München 2012.

Langner, S. 2009: Viral Marketing – Wie Sie Mundpropaganda gezielt auslösen und Gewinn bringend nutzen, 3., vollst. überarb. und akt. überarb. Aufl., Wiesbaden 2009.

Lauer, T. 2004: Bonusarten, in: Bonusprogramme – Rabattsysteme für Kunden erfolgreich gestalten, 2., vollst. akt. und erw. Aufl., Heidelberg 2004, S. 43-65.

Lauer, T. 2004: Bonusprogramme – Rabattsysteme für Kunden erfolgreich gestalten, 2., vollst. akt. und erw. Aufl., Heidelberg 2004.

Lindgreen, A./Dobele, A./Vanhamme, J. 2013: Word-of-mouth and viral marketing referrals – What do we know? And what should we know?, in: European Journal of Marketing, Vol. 57, 2013, No. 7, pp. 1-12.

Musiol, G./Kühling, C. 2009: Psychologie der Bonusprogramme, in: Kundenbindung durch Bonusprogramme – Erfolgreiche Konzeption und Umsetzung, Heidelberg 2009, S. 55-125.

Olsen, H. W./Olsen, E. J. 2004: Strategic Planning Made Easy – A Practical Guide to Growth and Profitability, Reno 2004.

O´Reilly, T. 2005: What is Web 2.0; Design Patterns and Business Models for the next Generation of Software, in Communications and Strategies, 2007, No. 65, pp. 17.

Patrutiu Baltes, L. 2015: Content marketing – the fundamental tool of digital marketing, in: Economic Science, Vol. 8, 2015, No. 2, pp. 111-118.

Rauch, M./Schulten, M./Pietsch, G. 2013: Erfolgreicher Einsatz von Online -Gewinnspielen im Dialogmarketing, in: Deutscher Dialogmarketing Verband e.V., Dialogmarketing Perspektiven 2012/2013, Wiesbaden 2013.

Reiter, K. 2008: Aspekte und Ausprägungen des viralen Marketings im Internet, 1. Aufl., Bremen 2008.

Saravanakumar, M./Sugantha Lakshmi 2012: Social Media Marketing, in: Life Science Journal, Vol. 9, 2012, No. 4, pp. 4444-4451.

Scheurer, H./Spiller, R. 2010: Kultur 2.0 – Neue Web-Strategien für das Kulturmanagement im Zeitalter von Social Media, Bielefeld 2010.

Schirmbacher, M. 2017: Online - Marketing und Social – Media - Recht – das umfassende Praxis-Handbuch für alle rechtlichen Fragen im Marketing, 2., akt. und erw. Aufl., Frechen 2017.

Schnöring, M. 2016: Konsequenzen der Prämieneinlösung in Kundenbindungsprogrammen – Theoretische Fundierung und empirische Analyse, Wiesbaden 2016.

Scholze - Stubenrecht, W./Sykes, J. B./Clark, M./Thyden, O. 1999: Oxford Duden German Dictionary, second edition, Oxford 1999.

Schüller, A. M./Schwarz, T. 2010: Negative Mundpropaganda durch Beschwerden, in: Leitfaden WOM Marketing, Waghäusel 2010, S. 375-388.

Siems, F./Hofmann, J. 2006: Preiskommunikation – Herausforderung der Kommunikationspolitik von Unternehmen vor dem Hintergrund veränderter Marktbedingungen, in: Boenigk, M./Krieger, D./Belliger, A./Hug, C. (Hrsg.): Innovative Wirtschaftskommunikation – Interdisziplinäre Problemlösungen für die Wirtschaft, Wiesbaden 2006, S. 49-63.

Singh, M. 2012: Marketing Mix of 4P`s for Competitive Advantage, in: Journal of Business and Management, Vol. 3, 2012, No. 6, pp 40-45.

Spiller, A. 2006: Zielgruppen im Markt für Bio-Lebensmittel – Ein Forschungsüberblick, Department für Agrarökonomie und Rurale Entwicklung, Göttingen 2006.

Weinberg, T. 2012: Social Media Marketing – Strategien für Twitter, Facebook & Co., Köln 2012.

Weinberg, T. 2014: Social Media Marketing – Strategien für Twitter, Facebook & Co., 4., vollst. akt. Auflage, Köln 2014.

Wong An Kee, A./Yazdanifard, R. 2015: The Review of Content Marketing as a New Trend in Marketing Practices, in: International Journal of Management, Accounting and Economics, Vol. 2, 2015, No. 9, pp. 1055.

Zeng, D./Chen, H./Lusch, R./Li, S. H. 2010: Social Media Analytics and Intelligence, in: IEEE Intelligent Systems, Vol. 25, 2010, No. 6, pp. 13-16.

URL-Verzeichnis

URL 1: Homepage der Bundesvereinigung der deutschen Ernährungs-industrie, https://www.bve-online.de/presse/pressemitteilungen/pm-20200115-konjunkturdaten (13.11.2020).

URL 2: Homepage des Bundesverbands des Deutschen Lebensmittelhandels e.V., https://www.bvlh.net/daten-fakten/detail.html?tx_fpfakten_faktenpi1%5Bcid%5D=1286&tx_fpfakten_faktenpi1%5Baction%5D=show&tx_fpfakten_faktenpi1%5Bcontroller%5D=Fakten&cHash=c48fd00cafb52c3ef3ccbd1250f8e1a9 (07.11.2020).

URL 3: Homepage des Content Marketing Institutes, https://contentmarketinginstitute.com/what-is-content-marketing/ (07/11/2020).

URL 4: Homepage Statista, https://de.statista.com/statistik/daten/studie/71251/umfrage/einsatz-von-social-media-durch-unternehmen/ (07/11/2020).

URL 5: Homepage der Facebook Inc., https://about.fb.com/de/company-info/ (13.11.2020).

URL 6: Homepage der Medien-Mittweida, https://medien-mittweida.de/die-entwicklung-facebook/2015/ (07.11.2020).

URL 7: Homepage von Statista, https://de.statista.com/statistik/daten/studie/37545/umfrage/anzahl-der-aktiven-nutzer-von-facebook/ (07.11.2020).

URL 8: Homepage von YouTube LLC, https://www.youtube.com/intl/de/about/ (13.11.2020).

URL 9: Homepage von Elite Content Marketer, https://elitecontentmarketer.com/youtube-statistics/ (08.11.2020).

URL 10: Homepage von Statista,
https://de.statista.com/statistik/daten/studie/718383/umfrage/anzahl-der-monatlich-eingeloggten-nutzer-von-youtube-weltweit/#:~:text=Im%20Jahr%202020%20belief%20sich,von%20YouTube%20auf%20zwei%20Milliarden. (08.11.2020).

URL 11: Homepage von Twitter,
https://about.twitter.com/de.html (08.11.2020).

URL 12: Homepage von Twitter,
https://about.twitter.com/de.html (08.11.2020).

URL 13: Homepage von Statista,
https://www.statista.com/statistics/970920/monetizable-daily-active-twitter-users-worldwide/ (08.11.2020).

URL 14: Homepage der KPMG AG,
https://assets.kpmg/content/dam/kpmg/pdf/2013/01/Trends-im-Handel-2020-KPMG.pdf, (10/11/2020).

URL 15: Homepage von Aldi — aktuelle Printausgabe, https://magazine.aldi-nord.de/aldi-nord/aldi-aktuell/#/ (11.11.2020).

URL 16: Facebookseite von LIDL,
https://www.facebook.com/lidl/ (14.11.2020).

URL 17: Homepage des Wirtschaftslexikons, http://www.wirtschaftslexikon.co/d/opt-in/opt-in.htm (15.11.2020).

URL 18: Facebookseite von Netto Marken-Discount, https://www.facebook.com/nettomarkendiscount/photos/kein-gewinnspiel-ohne-regeln-oder-dann-denkt-euch-mal-jetzt-alle-eine-gut-ponhol/1784663315079001 (15.11.2020).

URL 19: Facebookseite von Edeka, https://www.facebook.com/EDEKA/ (15.11.2020).

URL 20: Pinterestseite von EDEKA, https://www.pinterest.de/edeka/_created/ (15.11.2020).

URL 21: Homepage von Payback, https://www.payback.net/ueber-payback/ (15.11.2020).

URL 22: Facebookseite von Payback, https://www.facebook.com/PAYBACK.Deutschland/ (15.11.2020).

URL 23: Homepage von Splendid Research, https://www.splendid-research.com/de/statistiken/item/bonusprogramm-monitor-2016-bekanntheit-bonusprogramme.html (15.11.2020).

URL 24: Homepage von Bitkom, https://www.bitkom.org/Presse/Presseinformation/Fast-jedes-zweite-Unternehmen-hat-im-Netz-schon-Gegenwind-bekommen.html (19.11.2020).

URL 25: Homepage der Lebensmittelpraxis, https://lebensmittelpraxis.de/zentrale-management/9015-cross-media-marketing-im-leh.html (20.11.2020).

URL 26: Homepage von W&V, https://www.wuv.de/medien/online_nutzer_sehen_glaubwuerdigkeit_sozialer_medien_zunehmend_kritisch (21.11.2020).

URL 27: Homepage von Statista,
https://de.statista.com/statistik/daten/studie/377228/umfrage/umfrage-in-deutschland-zum-vertrauen-in-soziale-netzwerke-im-internet/ (22.11.2020).

URL 28: Homepage des Verbraucherschutzes,
https://de.statista.com/statistik/daten/studie/377228/umfrage/umfrage-in-deutschland-zum-vertrauen-in-soziale-netzwerke-im-internet/ (22.11.2020).

URL 29: Homepage der Morgenpost,
https://de.statista.com/statistik/daten/studie/377228/umfrage/umfrage-in-deutschland-zum-vertrauen-in-soziale-netzwerke-im-internet/ (22.11.2020).

URL 30: Homepage von Datenschutz.org, https://www.datenschutz.org/gewinnspiel/ (22.11.2020).

URL 31: Facebookseite von REWE, https://www.facebook.com/Rewe (22.11.2020).

URL 32: Homepage von Facebook, https://www.facebook.com/help/306643639690823 (28.11.2020).

URL 33: Facebookseite von Rewe, https://www.facebook.com/Rewe/posts/hallo-zusammen-das-gewinnspiel-auf-facebook-bei-dem-es-einen-rewe-einkaufsgutsch/365481516807655/ (28.11.2020).

URL 34: Facebookseite von Payback, https://www.facebook.com/PAYBACK.Deutschland/ (28.11.2020).

URL 35: Homepage von Instagram, https://business.instagram.com/ (28.11.2020).

URL 36: Homepage von Payback, https://www.payback.de/praemien (06.12.2020).

URL 37: Homepage von Payback, https://www.payback.de/faq/ruecksendung-umtausch-praemie (06.12.2020).

URL 38: Facebookseite von Payback, https://www.facebook.com/PAYBACK.Deutschland/ (06.12.2020).

Erklärung

Ich erkläre, dass ich die Seminar-/Bachelor-/Masterarbeit selbstständig und ohne unzulässige Inanspruchnahme Dritter verfasst habe. Ich habe dabei nur die angegebenen Quellen und Hilfsmittel verwendet und die aus diesen wörtlich, inhaltlich oder sinngemäß entnommenen Stellen als solche den wissenschaftlichen Anforderungen entsprechend kenntlich gemacht. Die Versicherung selbstständiger Arbeit gilt auch für Zeichnungen, Skizzen oder graphische Darstellungen. Die Arbeit wurde bisher in gleicher oder ähnlicher Form weder derselben noch einer anderen Prüfungsbehörde vorgelegt und auch noch nicht veröffentlicht. Mit der Abgabe der elektronischen Fassung der endgültigen Version der Arbeit nehme ich zur Kenntnis, dass diese mit Hilfe eines Plagiatserkennungsdienstes auf enthaltene Plagiate überprüft und ausschließlich für Prüfungszwecke gespeichert wird.

20.12.2020

[Datum]   [Unterschrift]